일을 할 때 대하는 자세에 따라 삶의 질이 달라진다

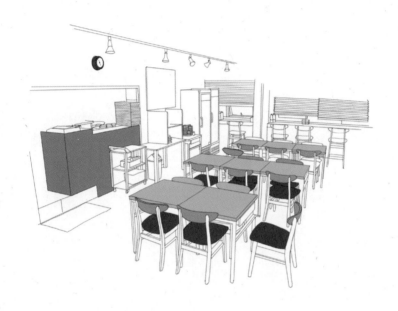

식당업이란 게 참으로 바쁘고 힘듭니다.

그 때문에 처음 가졌던 순수한 마음을 놓치곤 합니다.

하지만, 돌이켜보면 힘들어도

우리는 지속적으로 성장하고 있었습니다.

우리가 잘할 수 있는 요리로
따뜻한 밥 한 끼를 먹이고 싶다는 마음에 시작했던
작은 식당의 꿈이 빛을 발하고 있음에도 바쁨과 힘듦에 치여
그 고마움을 느끼지 못하고 지냈던 것 같습니다.

5500만원으로
작은 식당
시작했습니다

김옥영·강필규 지음

에디터
editor

두번째 부엌,
벌써
10년이 되었습니다

이 책은 식당을 처음 시작하는 사람들을 위한 책입니다. 저희가 먼저 해보고 느꼈던 시작의 어려움을 미리 경험해 볼 수 있는 내용들로 구성했습니다. 자신의 손으로 꾸미는 식당, 상황에 맞는 선택법을 엿볼 수 있을 것입니다. 식당경영의 꿈을 현실로, 그 현실을 제대로 직시하는 방법을 알려 드립니다.

2011년 12월에 나왔던 『4천만 원으로 작은 식당, 시작했습니다』를 통해 많은 독자 분들이 작은 식당을 하는 것이란 어떤 것인지, 음식점을 하는 자영업자의 삶을 경험해 볼 수 있었다고 말씀해 주셨습니다. 그럼에도 불구하고 요즘처럼 창업정보가 넘쳐 나는 때에 아직도 '성공'이라는 두 글자를 입에 담기엔 조심스러운 저희가 책의 '후속 편'을 내도 좋을까 많이 망설이고 고민했습니다. 하지만 많은 분들의 응원에 힘입어 다시 글을 쓸 용기를 냈습니다. 시작하는 사람들에게는 좀 더 많은 용기와 그것을 가능케 하는 '경험'이 필요할 테니까요. 그것이 비록 간접 경험이라고 하더라도.

첫 책에서 '작은 식당으로 시작해 큰 식당으로 키워 나가는 꿈'을 그리며 첫 발을 내딛는 이야기를 전해드렸는데, 그랬던 저희가 벌써 10년 차 자영업자가 되었습니다. 세상은 이전보다 더 변화의 속도가 빨라져 자영업자를 둘러싼 환경이 하루하루 달라짐을 느끼지만, 식당을 운영하고 요리를 하고 손님을 맞이하는 일로 매일 똑같은 날을 보내다 보니 우리 자신이 얼마나 발전했는지 잘 모를 때가 많습니다. 그러나 후속 편을 쓰면서 우리 자신을 돌아볼 수 있는 시간을 가졌습니다. 처음 가졌던 각오와 계획대로 우리의 식당이 자라나고 있는지….

창업은 기회가 아니라 위기의 다른 이름?!

창업을 하고 나니 삶의 결이 완전히 달라졌습니다. 어느 선배님의 말씀처럼 자신이 바라보는 곳, 지향하는 곳이 아니라 지금 서 있는 곳이 그 사람을 말한다는 것처럼, 어느덧 나는 식당 아줌마가 되어 씩씩하게 하루를 엽니다. 전장(戰場)처럼 치열하게 돌아가는 3시간 정도의 점심시간을 100여 명의 손님들을 치러내며 말과 몸짓, 성격마저 시원시원하게 변했습니다.

처음 식당을 열 때는 무대 위에 올라선 배우라는 생각으로 친절을 '연기'해야 했는데, 이제는 일과 평소의 태도가 하나가 되었습니다. 그렇게 자연스럽게 되기까지 많은 어려움이 있었고, 단련을 위한 시간이 필요했습니다. 가족들은 이전의 혈연관계가 아니라 일터의 동료가 되어 동지적인 태도로 서로를 채워주고 있습니다.

하지만 그 어려움은 우리를 주저앉게 만드는 문제가 아니라 극복하면 발전의 기반이 되는 소중한 위기들이었습니다. 소소한 어려움에서 막막한 위기들까지 다양한 고비들이 자영업자인 우리들 앞에 늘 나타납니다.

그것들을 잘 극복하고 견디어 내니 소위 맷집이 생기기 시작했습니다.

그렇다면 위기는(혹은 어려움은) 발전의 동력이 아닐까요? 잘 살아 내는 것이 더 중요했습니다. 도전의 연속인 10년이었습니다. 그리고 지금도 계속됩니다. 20년 차, 30년 차 선배님들은 또 얼마나 큰 고비들을 거쳐 단단한 바위가 되셨을까요?

식당 창업과 운영에 대한 다양한 콘텐츠가 각종 매체에 등장하는 요즘. 이 책은 대박을 꿈꾸는 성공 노하우가 아니라 작은 식당을 여는 것이 어떤 것인지, 어떻게 운영하고 발전시켜야 하는지 등을 알려 주고자 합니다. 성공의 이면에 도사리고 있는 어려움들을 어떻게 뚫고 살아남을 것인지 그 실제 감각을 익힐 수 있도록 우리들의 경험을 나누고자 합니다.

저희도 대박 식당을 꿈꾸지 않는 것은 아닙니다. 그러나 대박 못지않게 중요한 것은 버티어 내는 힘을 기르는 것입니다. 그렇게 눈앞의 생존을 위해 달려온 10년은 우리를 강하게 만들어 주었습니다. 또한 성공, 더 나아가 행복에 대한 가치관까지 바꿔놓았습니다. 식당은 단순히 음식을 만들어 손님에게 대접하는 곳만이 아닙니다. 열정과 고민, 노력과 눈물이 만들어 낸 우리들의 역사이며, 행복으로 나아가는 밑거름입니다. 어쩌면 성공은 대박 식당이 되어 돈방석에 앉는 것이 아니라 그날그날 잘 버텨 내고 살아남는 것 같습니다. 돈은 살아남는 자에게 주는 선물 같은 것이 아닐까요?

작은 식당의 꿈, 그 시작을 응원합니다!

우리는 특별하지 않지만 기본에 충실한 밥집을 운영하고 싶어 합니다. 그래서 이 책은 작은 식당을 운영한다는 것의 '기본'에 대해 이야기하고 있습니다. 두렵지만 작은 식당을 시작해 보려는 분들에게 실질적인 도움을 주는 책이 되면 좋겠습니다.

Part 1은 식당 창업은 어떻게 준비하면 좋은지에 대한 이야기입니다. 어떤 식당을 만들고 어떻게 운영해 나갈지 그 '상(像)'을 잡고 자본을 마련하며 사전준비 단계에 할 일들입니다. 〈두번째 부엌〉은 어떤 콘셉트로 '밥집'을 하게 되었는지를 통해 자신만의 식당 이미지를 그려 보세요. 그리고 나에게 맞는 좋은 점포를 찾는 요령도 생각해 봅니다.

Part 2는 점포 계약 후 실제로 식당을 만들어 가는 '창업 편'입니다. 첫 번째 관문인 인테리어와 시공, 설비 후 메뉴 만들기와 재료 준비 등 오픈을 위해 달려 나가는 과정입니다. 〈두번째 부엌〉이 세 번이나 경험한 좌충우돌 식당 만들기 과정을 따라가다 보면 좋은 간접 경험이 될 것입니다.

Part 3은 자영업자가 되어 식당을 운영하는 하루하루를 보여줍니다. 초기 전략과 운영 방법, 식당 홍보와 손님 접대 등 음식을 팔면서 일어나는 일들을 통해 내 가게는 어떻게 운영하면 좋을지 〈두번째 부엌〉의 경험을 통해 미리 상상해 보는 시간을 가질 수 있습니다.

책 말미에는 직장인들과 다른 음식점을 하는 자영업자들의 삶의 애환을 조금 이야기해 봤습니다. 식당을 하면서 달라지는 생활과 가치관, 삶의 태도에 대해서 생각해 보는 시간이 될 것입니다. 이를 통해 더욱더 단단한 마음가짐으로 창업을 준비할 수 있었으면 좋겠습니다.

전 사회적으로 자영업자들의 신음과 어려움이 드러나고 있을 때라 저희 역시 녹록하지 않은 세월입니다. 그러나 우리가 걸어온 길을 돌이켜보니, 살아남았기 때문에 어찌 보면 '성공'을 이룬 것 같기도 합니다. 작은 식당 〈두번째 부엌〉은 '2번의 변신'으로 그것이 가능했습니다.

10년 동안 식당의 이름도 〈2nd 키친〉에서 〈두번째 부엌〉으로 바뀌었고, 장소도 두 번 더 바뀌었습니다. 매번 식당의 형태와 운영방식이 조금씩 달랐기에 할 때마다 처음 식당을 여는 심정이었습니다. 그러나 제자리는 아니었습니다. 매번 업그레이드된 우리의 모습을 발견했습니다. 대표적인 예로 모든 결정 과정이 바로바로 이뤄졌다는 것입니다.

지금 알고 있는 것을 그때도 알았더라면

식당을 새로 여는 일은 점포를 구하는 일부터 그릇 하나 사는 일까지 처음부터 끝까지 '결정의 연속'입니다. 그런데 두 번의 경험으로 인한 '빠른 결정력'은 세 번째로 식당을 열고 운영하는 데 큰 도움이 되었습니다. 그것이 우리가 지난 10년 동안 얻은 가장 큰 자산입니다. 매일이 긴장의 연속이긴 하지만, 이제는 생존에 대해서 겁이 없어졌다고나 할까요?

그럴 수 있었던 가장 큰 이유는 남편이 직업 요리사였기 때문입니다. 어쩔 수 없이 '식당이나 해볼까' 하는 접근이 아니라 자신만의 식당을 운영해 보고 싶은 요리군의 꿈에서 시작되었습니다. 게다가 20년이 넘는 요리 경력을 지닌 요리군은 대중적인 수준과 맛으로 표현할 수 있는 음식이면 어떤 것이든 저항이 없는 사람입니다. 한마디로 요리 종목의 스펙트럼이 넓다는 장점을 지니고 있습니다.

그래서 첫 식당부터 지금까지 꼭 그 요리만을 하고 싶어서 '작은 식당'을 차린 것은 아닙니다. 비슷한 세월의 편집자 경력인 제가 '어떤 장르의 책'만이 좋아서 출판 일을 한 것이 아니라 책 만드는 일 자체가 좋아서 오랜 세월 몸을 담았던 것처럼 말입니다. 저희 부부는 '대중적인 밥집' 또는 '식사가 되는 한 끼'를 파는 식당을 목표로 합니다. 이렇게 주제가 정해졌기에 그때그때 큰 저항 없이 변신할 수 있었습니다.

외식업에 대한 소비자들의 인식과 수준, 입맛은 지난 10년 동안 엄청나게 높아졌습니다. 어쩌면 우리 식당을 하는 사람들이 따라잡기 버거운 수준의 변화 속도일지도 모릅니다. 살아남는 것이 성공이 되는 어려운 시대를 살아가고 있습니다. 그러므로 식당 자영업자도 이제는 전략이 있어야 살아남을 수 있습니다. 어쩔 수 없이 생존을 위한 선택으로 식당을 창업하는 시대는 지났습니다. 높은 임대료와 고가의 식자재비, 매년 오르는 인건비 등으로 창업을 하는 순간 더 큰 생존의 위협, 혹은 벼랑으로 내몰리기 때문입니다.

〈두번째 부엌〉이 변신을 이룰 수 있던 다른 배경에는 요리군의 빠른 판단이 있었습니다. 예전에는 오랜 시간을 고민하고 결론을 내리는 스타일이었지만, 작은 식당을 10여 년 운영하면서 매일매일 점포 주변의 상권, 손님들의 변화를 생생하게 체득하면서 달라졌습니다. 그래서 점포가 갖고 있는 한계치가 느껴질 때면 꾸준히 새로운 꿈을 꾸었던 것 같습니다. 첫 번째, 그리고 두 번째 식당이 있던 곳의 동네 사람들이라면 저 식당이 3년여 만에 접었구나 하겠지만, 늘 새로운 도전을 했기 때문에 계속 태어날 수 있었습니다.

그런 저희들의 이야기를 쓴 창업기입니다. 첫 번째 책에서는 작은 식당을 처음 여는 설렘과 낭만도 조금은 묻어났지만, 세 번째로 식당을 여니 그 치열한 기록이 행간에 가득합니다. 그만큼 시대도 살벌해진 탓이겠지요. 작은 식당을 시작한다는 것, 그리고 운영한다는 것은 어떤 것인가 미리 알고 싶은 분들에게 하나의 사례로써 이 책을 권합니다.

두번째 부엌에서
김옥영 · 강필규

CONTENTS

Part 2 작은 식당 만들기

CONTENTS

Chapter 3 메뉴와 가격, 사입처를 정한다

Chapter 4 드디어 오픈, 식당을 열다!

Part 3 식당을 운영하는 법

Chapter 1 단계별 식당 운영 노하우

PART 1

식 당 창 업 을
위 한 준 비

나만의 작은 식당, 그 꿈을 위한 준비는 언제든 시작할 수 있다. 지금

다른 일을 하고 있더라도 미리 할 수 있는 것부터 준비해 보자. 상상

만으로도 좋고, 구체적인 기술 연마도 필요할 것이다. 전문적인 창업

교육을 받거나 다른 식당에서 일을 익혀 보면 조금씩 용기도 생겨날

것이다. 창업 준비에 있어서는 지나침이란 없다.

CHAPTER 1

몇 번을 해도 시작은 힘들어

첫 식당은 서울 은평구 연신내, 2nd 키친

2016년 12월, 불광역 NC백화점 후문 앞에 두 번째로 열었던 식당의 건물주로부터 임대료를 올리겠다는 통보를 받았다. 우리 모르게 전 임대인이 건물을 팔고 새로운 사람이 건물주가 된 까닭이었다. 두 배 가까운 금액의 임대료를 듣는 순간, 요리군은 딱 정이 떨어졌단다.

그로부터 2개월 후, 우리는 동대문구청 옆쪽 건물 2층에 있는 24평짜리 점포를 계약했다. 그러고 보면 빠르고도 신속한 결단이었다. 운도 좀 따랐지만, 작은 식당을 10년 가까이 한 덕분이리라. 곧 식당 이전으로 인한 세 번째 점포를 열어야 하는 과제가 우리 앞에 떨어졌다. 3월 1일 계약하고 3월 4일 인테리어를 의뢰한 후, 한 달 만에 내부 설비와 인테리어를 마치고 간판을 달았다. 〈국시와 제철밥상 – 두번째 부엌〉이라는 이름으로.

2017년 4월 18일 오픈을 했다. 첫날 91명의 손님이 찾아왔다. 며칠은 오픈발로 식당이 붐볐다. 하지만 오픈한 지 한 달 만에 재오픈에 가까운 고비를 겪으며, 동네에 맞는 큰 변신을 해야만 했다. 그나마 발 빠른 변신 덕분에 이 책을 쓰는 요즘은 매일 평균 120여 명의 손님들이 꼬박꼬박 올 정도로 자리를 잡았다.

그렇다면 세 번째로 식당을 열 때는 조금 수월했을까? 전혀 그렇지 못했다. 세 번째인데도 불구하고 그리 만만하지 않았다. 다만 모든 순간순간 빠른 의사 결정을 하게 된 것이 달라진 점이었다. 그렇게 우리는 음식 장사 10년을 맞이했다.

2017년 4월, 서울 동대문구청 옆 건물 2층에 3번째 식당을 열었다.

2009년, 39살의 동갑내기 부부인 우리가 첫 식당을 연 곳은 서울 은평구 연신내 전철역 근처. 〈2nd 키친〉이라는 이름의 돈가스가 주력인 9평짜리 밥집이었다. 간판 로고 아래에는 '당신의 두번째 부엌'이라는 카피를 넣었는데, 그것이 현재 식당 이름의 유래가 되었다.

24살 때 전문 잡지 기자로 사회생활을 시작해 출판계로 옮긴 후, 내내 편집자로 일하다 39살 봄에 회사원 생활을 마친 나. 요리군도 그만큼의 세월 동안 직업 요리사로 일했다. 한식에서 시작해 뷔페, 단체급식, 4년간 미국 뉴욕으로 옮겨가 일했던 델리Deli, 한국에 돌아와 중식 주방 등을 거쳐 늘 다양한 종목의 대중적인 음식을 만들던 사람이었다.

2009년 봄은 우리 둘에게 창업을 부추기는 일들이 연이어 일어났다. 내가 먼저 회사를 그만두고 프리랜서 편집자로 지내면서, 요리군에게 그해 가을 무렵까지는 당시 직장인 남산 유스호스텔 주방장 일을 계속해주기를 부탁했다. 2008년부터 창업자금으로 들어 두었던 적립식 펀드가 가을이 지나면 창업에 씨앗이 될 종자돈으로 불어날 것이기 때문이었다. 그러나 직장 내의 부침으로 인해 요리군 역시 일찌감치 그곳을 나왔다.

그 무렵 나의 지인이 카페 전쟁터인 서울 홍대 부근에 카페를 열어 요리군은 그곳에서 아르바이트를 시작했고, 주방 매니저로 몇 개월 일하면서 짧으나마 이런저런 경험을 쌓았다. 나는 퇴사 전해였던 2008년에 문학동네 임프린트 아우름 대표를 지내며 『작은 가게 시작했습니다』와 『작은 카페 시작했습니다』를 출간했는데, 이를 통해 작은 식당을 머릿속에 그리기 시작하던 것이 창업 준비의 서막이었다.

작은 식당, 10년의 변화

2008년, 우리는 둘 다 직장을 그만두기 전에 점포 보는 눈부터 차근차근 키우고 싶었다. 장사의 반을 차지하는 것이 점포 위치니까. 먼저 당시 우리가 조달할 수 있던 금액을 기준으로 삼았다. 자주 다녀 봤다고 생각하는 홍대 상권의 부동산에 찾아가 마치 당장이라도 식당을 차릴 것처럼 점포들을 알아보곤 했다. 이를 통해 우리가 원하는 규모의 식당을 하려면 어느 정도의 임대료와 월세가 적당한지에 대한 감을 잡을 수 있었다.

　지금은 사방에서 젠트리피케이션gentrification 현상이 일어나고 있지만, 2008년 즈음에는 카페 붐이 일어나던 초기로 홍대 부근만 하더라도 합정역 쪽으로 홍대 상권이 막 확장되려던 때였다. 개성 있는 가게들이 하나둘 생기며 홍대 상권이 거대화되기 직전 합정역 부근의 몇 개 점포가

2009년 12월 연신내 전철역 부근에 〈2nd 키친〉을 처음 열었다.

눈에 들어왔고, 그 점포들을 기준으로 머릿속으로 식당을 그려 보았다. 주방을 비롯해 홀의 테이블, 의자 위치 등 공간을 구상하며 우리만의 식당을 이미지화 할 수 있었다.

그러나 수차례 다녀 본 결과, 홍대 상권은 빠른 변화 속도로 부침이 심할 것 같았다. 그래서 우여곡절 끝에 2009년 겨울에서야 첫 식당을 연신내역 근처였던 은평구 대조동에 열었다. 하지만 식당이 좀 알려지고 자리를 잡을 무렵이었던 2012년 늦여름, 〈2nd 키친〉을 닫게 되었다. 대학로에서 소위 대박 난 한 음식점 사장님이 오랫동안 요리군을 설득했기 때문이었다. 대기업에서나 받을 만한 높은 연봉으로 함께 일하며 자신과 더 큰 꿈을 키워 가자고.

고민이 없었던 것은 아니다. 그러나 때마침 늦둥이 첫아이가 생겼다. 우리 나이 42살에 선물처럼 찾아왔다. 그래서였을까? 요리군은 한 살이

라도 젊을 때 돈을 더 벌고 싶다며 조금 편해 보이는 길(?)을 선택했다. 장고 끝에 설치비 정도의 권리금을 챙기고, 다른 사람에게 식당을 넘겼다. 그러고는 새로 옮긴 음식점에서 일한 지 며칠 안 되어 요리군은 그들이 함께 일할 수 있는 사람이 아니라는 것을 깨달아 그만두었다.

요리군은 당장 새 점포를 구해 다시 시작하겠다며 울분을 토했다. 서울의 여기저기 안 다녀 본 곳 없이 점포를 찾아 돌아다녔다. 그러는 사이 겨울이 되었고, 막 태어난 늦둥이 아들의 큰 수술로 새 식당을 여는 일이 계속 늦어져만 갔다. 2012년 늦여름부터 2013년 봄까지 그렇게 우리는 인생에 크나큰 시련을 겪으며, 두 번째 식당을 불광역 NC백화점 후문 위치에 다시 열게 된다.

가족 내의 큰일을 겪자 요리군은 무척 수세적인 태도로 이전 점포보다 더 싸고 알찬 점포를 찾기 위해 서울 곳곳을 뒤졌다. 그러다 눈에 띈 것이 당시 살던 불광동과 비교적 가까운 거리에 위치한 대조동 9평짜리 점포였다. 한눈에 봐도 심란한 골목 안에 있었지만, 골목 밖이 대조시장이고 의외로 유동 인구가 엄청났다. 백화점 뒷골목이라는 기대도 있었다. 그러나 기대만큼 성적이 좋았던 것은 아니다. 그럭저럭 유지하는 수준이었다.

그곳에서 3년간 식당을 운영하고 나온 후, 세 번째로 연 곳이 지금의 식당이다. 지하철 2호선 용두역 앞, 동대문구청 옆 건물 2층의 24평짜리 점포다. 한때 생활의 무대였던 은평구에서 한참이나 멀리 떨어진 곳에 와 있는 것이다.

5000만 원 전후, 소자본으로 창업하기

창업을 위한 마음의 준비는 둘 다 회사를 다니던 2008년 봄부터 시작되었다. 그러니까 2년 좀 안 되게 준비 시간을 가진 셈이다. 아무래도 출판 일을 했기에 창업에 관한 책부터 찾아 읽기 시작했는데, 당시에는 창업 관련 책이나 정보가 솔직히 많지 않았다. '식당 창업'이란 어떤 일인가 그 '과정'을 알려 주는 책이 절실했지만 현장감 넘치는 책은 의외로 없었고, 컨설턴트들의 사후 약방문 같은 분석이나 취재성 책들이 대부분이었다. 그들도 나름의 전문성이 있겠지만, 직접 식당을 운영해 보지 않은 이의 조언에는 왠지 공감이 가지 않았다. 그래서 작은 가게부터 큰 가게까지 직접 해본 이들의 이야기가 담긴 책들을 주로 섭렵했다.

이를 통해서 우리가 처음으로 그려 본 식당 이미지는 10평 내외의 '작은 식당'이었다. 일부러 작은 식당을 선택한 것처럼 보이지만, 작은 식당일 수밖에 없는 이유도 많다. 인생 후반기를 좌우하는 '창업'은 요리군에게 있어서 생존의 문제였기에 처음부터 규모를 키워서 리스크를 안고 시작하기엔 부담스러웠다. 무리를 했다가 자칫 실패하게 되면 우리 둘 다 그때 벌어지는 일들을 감당하기 힘들다고 판단했기 때문이다.

지금 생각해 보면 당시의 판단이 옳았던 것 같다. 요리군이 아무리 요리사로 오래 일을 했다지만, 식당 운영은 다른 차원의 일이라 우리 부부의 그릇도 그때까지는 그 정도가 적당했던 것 같다. '작은 식당'으로 시작을 해서 차곡차곡 경험을 쌓으며 차츰 '큰 식당'으로 키워 가리라는 꿈. 처음 여는 '작은 식당'을 통해 몸으로 익힌 것들이 미래에 큰 밑거름이 되리라 믿었다.

그 후, 두 번의 식당을 열고 닫으면서 세 번째 식당은 어떤 모습이어야 할까를 늘 머릿속에 그릴 수 있게 되었다. 5000만 원 전후의 비용으로 약 15~25평 규모에 3명이 일하는 구조. 그렇다면 어느 정도의 임대료에 어느 정도의 매출을 기대하면 될지도 두 번의 경험을 통해서 체득하게 되었다. '작은 식당'이 키워 준 안목이다.

첫 식당은 4000만 원 정도의 창업비용(임대료 포함)을 들여 오픈을 했고, 두 번째 식당은 극도의 긴축정책으로 2500만 원 정도만 썼다. 그리고 현재의 식당은 딱 5500만 원으로 오픈할 수 있었다. 그러는 사이 10년이 흘렀다.

세 점포의 오픈 기간 및 자본금

	연신내, 2nd 키친	대조동, 두번째 부엌	동대문구청 옆, 두번째 부엌
총창업비 (임대료 포함)	인테리어비 포함 4000만 원	나무 구입비 포함 2500만 원 (직접 인테리어)	인테리어비 포함 5500만 원
오픈 준비기간	2009년 11월 5일~ 12월 초	2013년 3월 중순~ 4월 중순	2017년 3월 8일~ 4월 17일

'작은 식당'으로 시작을 해서 차곡차곡 경험을 쌓으며 차츰 '큰 식당'으로 키워 가리라는 꿈. 처음 여는 '작은 식당'을 통해 몸으로 익힌 것들이 미래에 큰 밑거름이 되리라 믿었다. 그 후, 두 번의 식당을 열고 닫으면서 세 번째 식당은 어떤 모습이어야 할까를 늘 머릿속에 그릴 수 있게 되었다.

창업의 프로세스 한눈에 보기

작은 식당 문을 열기까지의 전체 과정을 대략 설명한다. 우리의 순서는 이랬지만 창업 역시 십인십색이기에 창업주의 개성에 따라 다를 것이다.

1. 하고 싶은 식당의 상을 그린다
이를 통해 식당이라고 해도 자신이 어떤 종목의 식당을 원하는지 결정할 수 있는 단서가 된다. 상(image)을 그리는 방법은 각종 사진이나 정보의 스크랩과 동시에 자신이 좋아하는 스타일의 식당들을 직접 찾아가 본다. 그렇게 모은 정보는 꼬박꼬박 분석, 정리해 준다.

2. 자신이 취약한 점을 체크하고 미리 준비한다
요리 실력이 부족하다면 요리 실력을 연마하고, 인테리어나 디자인 등이 약하면 꾸준히 잡지나 전문 서적을 읽고 감각을 키운다. 이때 창업교육이나 세미나 등에 다녀 보는 것도 좋다.

3. 창업의 규모를 정하고, 자본금을 모은다
창업 자본금은 점포 계약과 오픈에 다 사용하는 것이 아니라 이후 운영자금까지 포함된다는 것을 잊지 말 것!

4. 점포 찾는 눈을 키운다
준비기부터 원하는 지역을 직접 물색하며 부동산 중개소를 찾아보고, 지역별 점포 임대료 시세를 익혀 둔다.

5. 점포를 구하고 계약하기
점포를 구할 때는 자신이 잘 아는 지역을 선정하는 것도 좋다. 자신의 창업 규모에 맞는 점포를 구하자.

6. 인테리어 및 시공

계약과 동시에 이전 운영자의 시설 철거 혹은 개조 후 인테리어 시공을 한다. 인테리어 시 모든 것이 동시에 진행된다. 주방 설비 및 식당 이름 짓기, 메뉴 선정, 위생교육 후 사업자 등록 및 주류 허가, 그릇 구입, 사입처 정하기, 소방점검 받기 등. 이것이 약 한 달 이내에 한꺼번에 이뤄지므로 준비기에 미리 익혀 두면 좋다.

7. 홍보 전략 짜기

메뉴판, 홍보용 전단지 혹은 식당 명함, 전용 냅킨 인쇄, 개업일에 맞춰서 홍보용 선물이나 떡 등을 준비한다.

8. 오픈 대비 예행연습 하기 – 리허설, 가오픈

모든 메뉴를 골고루 주문 받아서 어떤 순서로 요리하고, 서빙하고 결제까지 이르는지 전체적인 순서를 경험해 본다. 그런 다음 문제점을 확실히 개선한 후 진짜 오픈을 한다.

9. 식당 휴일과 영업시간 정하기

약 1~3개월간 휴일 없이 식당을 운영해 본다. 그러면 어떤 날을 휴일로 정하는 것이 그 지역과 자신에게 적합한지를 직접 깨닫게 된다.

10. 문제점 개선하기

창업 후 약 6개월간은 전심전력으로 식당에 집중해서 초기의 모자란 점을 빠르게 개선해 나가야 한다. 그런 다음 일별, 월별 매출과 재료비 등의 지출을 파악하며 운영 방향을 분석하는 것이 좋다. 계절별로도 꾸준히 점검하고 개선하며 식당운영을 한다.

CHAPTER 2

인생 후반전을 위한 소규모 창업

작은 식당의 장점과 단점

작은 식당의 장점은 인생에 처음 하는 창업에 있어서 조금은 덜 두렵고 한번 시도해 볼 만한 용기를 준다. 혹여 잘 안 되더라도 재기할 수 있는 여지가 있다. 실무적인 측면에서는 임대료가 적고, 운영에 많은 인원이 필요치 않기 때문에 인건비 지출을 덜 수 있어 좋다. 시작부터 덜컥 큰 식당으로 창업을 했다가 망해서 엄청난 빚더미에 깔려 삶 자체가 벼랑에 내몰린 사례들이 많기 때문이다.

그렇지만 작은 식당으로 인정을 받으려면 전문 메뉴를 선택해야 하고 제대로 평가를 받아야만 그것이 성장의 밑거름이 되어줄 것이다. 작은 식당으로 시작해 자신감을 키우면서 큰 식당으로 발전시켜 나갈 때 더 밝은 미래가 올 것이다. 우리 둘은 대박신화에 잘 현혹되지 않는 편이라 작은 식당으로 출발하는 것이 그래서 좋았다.

작은 식당의 단점은 운영자의 부단한 근면성을 요구한다는 것이다. 재료 저장 공간이 모자라 요리군은 재료와 소스 등을 조금씩 준비하느라 늘 바쁘다. 하루에 2000명의 큰 연회도 거뜬히 소화한 적이 있던 그에게 첫 식당 〈2nd 키친〉에서 최고 매상을 올렸던 날의 노동 강도를 물어봤더니, 솔직히 단체손님 2000명을 치를 때보다 더 힘들었단다. 아마도 그때는 창업 초기라 더 그랬으리라.

좀 넓혔다고 하는 지금도 메뉴가 많아서 메뉴별 저장 공간은 늘 모자라다. 그만큼 쉴 새 없이 재료를 손질하고 저장해야 한다. 작은 식당에서는 요리를 하는 작업 공간도 좁고, 휴식 시간 break time도 따로 둘 수도 없어 요리사의 투철한 자기 관리와 성실한 운영이 필요하다. 그러나 덕분에 음식의 질이 좋아지는 큰 장점이 있다. 소박한 한 끼 식사지만 오래 묵힌 재료들이 아닌 하루에도 몇 번씩 다듬고, 준비하고, 밥을 지어 내놓는 음식이기 때문이다.

한편, 작은 식당은 경쟁자가 생기기 쉽다. 유명한 프랜차이즈 식당들이 들어와서 밥그릇을 뺏어갈 수도 있고, 조금 자리 잡았다 싶을 때 상권이 떠서 그 자리에서 계속할 수 없는 억울한 임차인의 운명에 빠질 수도 있다.

이렇게 단점이 많아도 창업 시 가장 중요한 '자본금'이 적게 든다는 장점이 많은 문제를 덮어 준다. 그렇지만 엄청난 대박이 나기 전까지는 규모의 한계 때문에 매출 역시 일정 수준 이상 올리기 힘들다. 하지만 그때가 바로 다음 단계로 나아갈 수 있는 새로운 문이 열리는 시기다.

창업, 대박신화의 꿈을 버려라

2009년 첫 식당을 열었던 때와 비교하면 사회적으로 경기나 시장 상황이 격변기를 지나고 있는 듯하다. 첫 식당 때 나는 절반만 발을 걸치고 일을 했다. 둘이서 온전히 식당에 매달리는 것보다는 가계에 도움이 된다는 판단 때문이다. 두 번째 식당을 시작할 무렵에는 늦둥이 아들이 막 태어나서 1년간은 식당 일을 돕지 못하다 이후 평일에는 다른 직업의 일을 하고, 토요일에만 식당 일을 도왔다.

두 번째 식당을 정리하기 직전인 2016년에는 사회가 '촛불 정국'으로

첫 번째로 열었던 작은 식당 〈2nd 키친〉의 홀

정말 장사하기 힘들었다. 주변의 많은 상인들이 가게를 접고 있었고, 지금은 더 그렇지만 유명한 상권을 비롯해 골목마다 빈 점포들이 생기기 시작했다. 성공은 꿈도 못 꾸고 버티는 것만으로도 잘하고 있다 싶었던 때….

하지만 TV에서는 그때나 지금이나 연일 창업 관련 정보가 쏟아진다. '연 매출 00억 원을 올리는 대박 식당' 뭐, 이런 멘트와 함께 손님들의 뜨거운 반응과 빠른 배경음악이 흘러나오는 식의. 아직도 그렇지만 아무 생각 없이 보고 있노라면 '그 식당, 돈을 엄청 벌고 있구나' 하는 생각이 절로 든다. 집에서 남편 월급만 보며 살기엔 앞날이 불안한 주부나 부업, 혹은 창업이라도 해볼까 하는 이들에게는 눈이 휘둥그레지는 얘기가 아닐 수 없다. 하지만 매출과 이익은 전혀 다른 얘기다.

프랜차이즈 업체들의 설명회에 직접 가 보지는 않았지만, 한 다리 건너 들어 보면 프랜차이즈 업체의 직원들조차 퇴사하고 나면 이런 소리를 한단다. 그들의 말처럼 절대로 이익이 나지 않는다고. 식당을 비롯해서 소위 '장사'라는 것은 회사원들이 생각하는 것처럼 시스템만 있으면 일이 착착 진행되고, 수익이 예상처럼 딱딱 나는 것이 절대 아니다.

10년간 해 보니 장사도 마치 살아 있는 생물 같다. 방향성 정도는 예측할 수 있으나 손님이 많이 오고 적게 오고는 하느님도 모르기 때문이다. 개선해야 할 문제는 순간순간 다르게 닥친다. 그에 따라 매일 음식을 고쳐 나가고, 운영방식을 쇄신한다. 그런 것들을 순발력 있게 대응해 나가야 '이익'이라는 걸 기대해 볼 수 있다.

현재는 세 번째 장소인 동대문구청 옆에 식당을 열어 연일 손님들이 붐비고, 그 내방객 수가 2년 가까이 꾸준히 오르고 유지된다. 하지만 이익만을 따져봤을 때 우리 성공한 거 맞나? 의아하다. 동네사람들 보기엔 대박이 났다고 여기는 것 같은데, 평균 우리 두 사람 월급 정도의 이익이 나오니 말이다.

그럼에도 불구하고 이렇게 책을 쓸 자격이 있을까 자문해 보면, 우리는 처음이나 지금이나 빚 하나 없이 이만큼의 식당을 일궈 냈으며, 하루 평균 120여 명이 찾아와 주는 식당으로 꾸준히 유지해 가고 있다는 것이다. 좌충우돌 창업 10년 차엔 이 정도 이익만으로도 만족해야지 싶다.

작은 식당이지만 목표는 있다

출판계에서 일을 했지만 회사원이라는 딱지를 떼기 전까지는 어느 정도 규모가 있는 회사들에서 한자리했던 나도 처음에는 참 몰랐다. 창업을 하면 곧바로 돈을 벌게 될 것이라는 환상을 갖고 있었다. 식당이든 회사든 '목돈을 풀어 푼돈을 거둬들인다'는 말처럼 이미 큰돈은 들어갔는데, 돌아오는 돈은 천천히 조금씩 들어온다. 따라서 창업 자금을 마련할 때는 넉넉히 준비하되, 쓸 때는 보수적이고 깐깐하게 집행해야 한다.

돈을 벌려면 규모 있게 시작해야 한다고 생각하기 쉽다. 물론 큰 식당으로 시작하면 남들 보기에도 좋고, 다양한 시스템이 갖춰져 있는 듯해서 스스로도 뿌듯할 수 있다. 그러나 내가 가져갈 수 있는 돈이 얼마인지 한 번쯤 냉정하게 생각해 봐야 한다. 물론 매출은 작은 식당보다 클 것이다. 그러나 그만큼 지출도 커서 오너가 가져가는 돈이 적어질 수 있다. 쉽게 말해서 적은 돈을 들여 창업한 작은 식당이나 돈을 많이 들여 창업한 큰 식당이나 실질적인 수익이 별반 다르지 않을 수 있다는 뜻이다. 이는 투자한 돈에 대한 '수익률'로 따져 보면 더 못 번 셈이 된다.

식당을 하면 참으로 많은 사람들을 만나고 그들의 인생과 경험을 엿볼 수 있는 기회도 된다. 식당에 오시는 손님 중 잘나가던 옛 회사 사장님을 20년 만에 만났는데, 선혀 다른 업종의 일을 혼자서 하고 계셨다. 그러나 그것이 그렇게 홀가분하고 좋을 수가 없다고 하셨다. 수익이 적으면 내가 덜 쓰면 된다고. 식당 일이 힘들 때마다 이 말씀을 되새긴다.

작은 식당이나 큰 식당이나 일이 힘든 건 매한가지일 것이고, 두 길 모두 걷다가 넘어질 확률 역시 같다고 본다. 그렇다면 하루아침에 대박이 나지는 않지만 차근차근 경험을 쌓아가면서 자신감을 높여가는 것이 더 현명한 방법이 아닐까?

첫 식당, 두 번째 식당, 그리고 현재의 식당을 오픈하면서 현실의 무게를 절절하게 느끼며 다음 식당에 대한 꿈을 또다시 꾸게 된다. 세 번째 식당을 여는 만큼 손님이 많아 대박이 나면 돈도 많이 들어오겠지 하던 순진한 생각은 사계절이 지나면서 처절하게 깨졌다. 그 이상을 벌면 더 좋겠지만, 이익 면에서는 그저 먹고 살 만큼만 벌고 있다.

그러나 우리 부부는 3배는 높아진 노동 강도와 운영의 피로감 등을 겪으며 하루하루 발전해 가고 있다. 첫 번째, 두 번째 식당이 지금보다 작았기에 경험할 수 없는 소중한 경험들이 매일 쌓이고 있다. 사실은 지금이 '처음'이라고 여겨질 만큼. 그러니 이보다 더 큰 규모의 식당은 또 '완전 초보'일 터. 그렇게 발전을 통해 어느 날, 큰 식당을 운영하는 우리 부부의 모습을 발견하는 날이 오겠지. 매일매일 강해지고 있기 때문에….

Tip 02

창업 자금 구성

1. 임대 보증금

주택의 경우처럼 점포를 비워줄 때 돌려받을 수 있는 비용이다.

2. 점포 유지비

월세(부가가치세 포함), 관리비, 각종 공과금을 합한 금액으로 높은 월세는 식당 운영에 부담을 준다. 음식장사를 하는 사람들끼리는 흔히 3일 일해서 한 달 월세를 낸다고들 한다. 그 정도면 매출이 좋은 상권이라고들 한다. 요리군은 지금까지 3번의 식당을 운영하면서 평균 2일 일해서 월세를 냈다. 그러니 허름했던 두 번의 점포도 좋은 상권이라고 생각하겠지만 이전 운영자들은 죄다 망해서 나간 곳이었다.

3. 권리금

법적으로 보호받지 못하는 비용이기 때문에 점포에서 나갈 때 회수 가능할지 따져 봐야 한다. 일반적으로 그 식당에서 1년 동안 장사해서 남는 이익을 기준으로 본다. 즉, 권리금이 1년 내에 회수가 불가능한 고액이라면 재고해 보는 것이 좋다.

4. 인테리어 공사비

전 운영자의 시설 철거, 전기 설치, 간판, 목공, 가구 구입까지 포함한 비용이다. 만약 장사가 잘 안 되거나 문제가 생겼을 경우 여기에 투자된 비용은 회수가 어렵다. 문 닫는 음식점이나 카페들이 빚으로 커지는 비용이 인테리어 비용과 시설비인데, 다음 운영자가 인테리어를 사용하지 않거나 권리금도 못 받고 나가야 하는 상황일 경우, 당연히 철거비까지 지

5500만 원으로 작은 식당, 시작했습니다

PART 1. 식당 창업을 위한 준비

불하는 일도 생긴다. 그러므로 높은 인테리어 비는 점포 정리 시 완전히 까먹게 되므로 현명하게 투자해야 한다. 보통 10~15평 정도의 작은 식당이라면 창업 자금 중 약 20%에 해당하는 1000만 원 내외가 적당한 것 같다. 현재 시점에서 통상 중상급 인테리어 비는 평당 100~120만 원 정도로 본다.

5. 시설비
냉장고, 싱크대, 전자레인지 등 각종 주방설비, 그릇, 환기(공조)를 위한 기계 및 설치비를 말한다.

6. 비품 구입비
식당 운영에 필요한 각종 비품에 들어가는 비용, 청소 도구, 세제, 앞치마와 유니폼, 냅킨 인쇄 등등.

7. 인건비
처음부터 종업원이나 아르바이트가 필요하다면 인건비를 들이는 만큼 얼마나 더 매출을 올려야 하는지 계산해 두는 것이 좋다.

8. 재료비
메뉴 선정과도 관련 있는데, 계절에 따라 가격 변동성이 큰 재료를 덜 쓰는 것이 음식점 운영의 키포인트다. 재료비의 고저에 따라 오너의 수익이 달라지기 때문. 좋은 재료를 적당

x

x

한 가격에 꾸준히 공급받을 수 있는 거래처를 확보하는 것이 경쟁력이 되는 이유다. 다른 사업도 그렇지만 오픈 날로부터 약 3개월간은 충분히 회전시킬 수 있는 여유 자금을 재료비로 확보하고 있는 것이 좋다.

9. 홍보비

전단지나 각종 홍보물에 드는 비용

10. 예비비

재료비를 포함하여 전체 창업자금 중 20% 정도는 여유 자금으로 가지고 있는 것이 좋다. 이 예비비는 창업 초기, 매출이 오를 때까지의 식당 운영비다. 식당은 음식을 파는 장사라 재료비 급등은 아주 큰 문제인데, 그런 때를 대비한 비용이기도 하다.

11. 기타

음식물 피해나 사고에 대비한 화재보험료, 방충방역료, 인터넷 회선비 등 고정지출 항목의 잡비.

CHAPTER 3

점포 찾기, 장사의 90%를 좌우한다

나에게 맞는 점포의 기준을 세운다 - 위치, 크기, 자금

식당 창업을 하고자 하는 '동기'는 사람마다 다 다를 것이다. '장사'를 해보고 싶어서 식당 창업을 생각할 수도 있고, 어떤 종목의 '요리'에 꽂혀서 도전할 수도 있고, 먹는 걸 너무 좋아해서, 혹은 '기발한 메뉴'를 개발해서, 또는 직장이 아닌 독립해서 일할 곳으로 식당 창업을 생각할 수 있다. 그런데 이들 모두가 꼭 '메뉴'부터 정하고 점포를 고를 순 없을 것 같다.

우리가 선택한 점포 고르는 기준은 그래서 식당하기 좋은 곳이었다. 한 끼 식사를 할 만한 위치의 점포를 골라 그 지역에 걸맞은 메뉴를 정하기로 했다. 요리군은 그렇게, 어렵지만 '목(위치)'을 먼저 정한 후 메뉴를 결정하는 식으로 진행했다. 분식이든 한식이든 일식이든 그것이 '식사'라면 무엇이든 좋겠다고 상정해 놓고. 물론 다양한 요리를 해본 경험이 있기 때문에 가능한 일이었다.

2008년 창업 준비기에 처음으로 생각한 점포 규모는 주방을 포함해 15평 내외였다. 그 정도 크기면 오너 셰프 1명과 직원 1명 정도가 일하기 좋을 것 같았다. 당시 마음에 두었던 서울 마포구의 합정역과 상수역 중간 지역에서 1층의 15평 내외의 점포는 보증금 3000만 원에 월세 130만 원, 권리금 3000~5000만 원대였다. 미리 본 수많은 가게들은 우리들의 점포 찾기 여정의 첫 단추가 되어 주었다. 점포 취득 시의 비용별(임대료, 월세, 권리금) 규모를 가늠하는 기준이 처음 생긴 것이다.

본격적으로 그러니까 진짜 계약금을 쥐고 점포 구하기에 나선 것은 2009년 9월 말부터다. 이때 세운 큰 원칙은 거주지와 별로 멀지 않을 것.

좀 멀더라도 버스나 전철을 타고 한 번에 이동 가능한 곳이라야 출퇴근이 용이하고, 운영에도 좋을 것 같았다. 지역 선택은 우리의 눈높이에서 좀 알 만한 동네, 마음이 가는 동네로 좁혀서 둘러보았다. 좁혔다고는 해도 몇 개의 구를 두루 다 훑어봤을 정도라 3개월 동안 점포 찾기에 애를 쓰던 요리군의 신발 밑창은 오픈할 때쯤엔 닳아서 너덜너덜해졌다. 첫 창업을 성공리에 출발한 이들의 이야기를 들어보면 대개 '아는 지역'에서 시작했다는 점도 귀 기울여 볼 만하다.

이후 더 구체화된 점포의 규모는 10~15평 내외, 보증금은 2000만 원 내외, 권리금은 3000만 원 내외, 월세는 최대 100만 원으로 줄여 기준을 세웠다. 우리의 여건과 운영 가능한 범위, 그리고 어느 정도의 목표 매상이 나와 주는 규모가 그 정도가 아닐까 생각해 본 것이다. 처음부터 맘에 드는 점포가 나타나지는 않았지만, 여러 지역의 많은 점포를 둘러보는 동안 하나씩 기준과 원하는 상을 다듬어 갈 수 있었다.

추측하고 예상하고, 점포를 확인한 후 분석하고, 조사해 보고…. 우리 둘 다 전혀 안 해본 일들이라 지식과 정보가 짧아 모든 감각을 동원해 머리를 쥐어짜던 나날이었다.

어떤 곳이 유리한 입지일까?

그렇다면 밥 팔기에 좋은 입지는 어떤 곳일까? 점포가 들어선 건물이 대로변에 위치하거나 면해 있어야 하고, 가게 뒤로는 아파트나 주택가가 연결되어 있는 곳이다. 밥을 팔 것이므로 회전율이 좋게 직장인들이 포진해 있고, 유동 인구가 쉽게 유입될 '대로'인데다가, 귀갓길에도 동네 사람들이 들를 수 있도록 배후에 주택가가 많은 곳이 이상적이라고 생각했다. 하지만 직장인들은 꼭 빌딩가에만 있는 건 아니다. 요식업이 아닌 다른 종목의 가게를 운영하는 사람들도 점심식사를 해야 하고, 상가 고층이나 지하에 숨어 있는 작은 회사나 공장들도 의외로 많다.

자신이 팔고자 하는 음식이 어떤 지역에 유리할지 많은 고민이 필요하다. 그 음식에 대한 대가를 지불할 때 사람들은 어떤 것을 고려할지, 메뉴 선택에 어떤 요인들이 영향을 미칠지 등.

마음에 드는 점포를 찾았다면 평일과 주말, 오전과 오후 통행량(이동 인구)을 직접 확인해야 한다. 근처 잘나가는 음식점의 피크 시간에 찾아가 내방객 수도 확인하자. 또 맞은편이나 다양한 각도, 골목, 대로변에서 조망하면서 사람들의 흐름이 어떻게 흘러가는지 큰 그림으로 체크해 보기도 한다. 사방에 인접한 가게들은 어떤 흐름으로 배치되어 있는지도 살핀다.

마지막으로는 점포가 들어 있는 건물을 전후좌우 입체적으로 살피며 식당용 설비를 할 때 문제가 없을지(가령 환기창과 배기용 후드를 잘 낼 수 있는지 등)도 그려 보면서 확인 또 확인한다. 그런 과정을 통해서 최종적으로 괜찮겠다는 판단이 서면 계약에 들어간다.

〈2nd 키친〉으로 연신내에 첫 식당을 냈을 때와 불광역에 두 번째 식당을 냈을 때까지는 정말 보수적으로 점포를 골랐다. 우리는 배포가 큰 사람들이 아니고, 한 걸음 한 걸음 차근차근 발전해 가는 것을 선택한 터라 웬만하면 무권리금에 적은 월세의 점포를 찾았다. 세 번째 식당을 열 때쯤에는 목이 좋으면 권리금도 낼 수 있다는 배포가 생겼지만, 역시 무권리금 2층 점포를 잘도 찾아냈다. 요리군의 경험과 안목 덕분이다. 첫 번째, 두 번째 점포는 정말 볼품없고 초라해서 다른 사람들이 그 진가를 찾기 어려운 곳에 위치해 있었고, 현재의 점포는 운과 용기 덕분에 얻게 되었다고 생각한다.

돌이켜 보면 3번의 오픈을 하면서 각각의 점포가 갖는 의미가 달랐다. 첫 번째 점포는 이를테면 자영업자로서의 첫걸음을 내디뎠던 곳이라 좀 큰 상권이랑 '연결되는' 주택가 골목을 선택했다. 첫 모습은 을씨년스럽고 허름한데다 문도 없는 천막형 주점이었다. 그럼에도 불구하고 우리가 조금만 손을 대면 멋지게 변신할 것을 알아봤달까. 큰 비용을 지불하지 않고도 멋지게 탈바꿈시킬 만한 곳이었다.

두 번째 점포는 불광 전철역 앞 NC백화점 뒷골목에 위치해 있었다. 지금은 그나마 조금 나아졌지만, 우리가 있을 때까지만 해도 퍽 초라했다. 첫 식당보다 더 심했다. 그렇지만 백화점과 관련된 수요가 매출의 주축을 이뤄 줄 것이라 예상했다. 요리에 자신감이 있었기에 백화점 푸드 코트와의 경쟁도 아랑곳 않고 계약을 했다. 결과적으로는 백화점 직원들의 밥집으로 주 매출이 채워졌다.

세 번째 점포는 실력은 물론이고 안목이 좀 있어야 도전해 볼 만한 입지였다. 동대문구청 옆이라 누구나 그 지역을 몰라도 상권이 좋겠다고 예상하겠지만, 이상하게도 이렇다 할 밥집이 별로 없었다. 그 이유는 100m 안에 엄청난 경쟁자들이 포진하고 있기 때문이었다.

일단 동대문구청과 부속 건물에 많은 공무원이 있어 주 고객층으로 상정할 수 있지만, 이들을 위한 구내식당이 구청 건물 지하에 크게 자리 잡고 있다. 게다가 그곳 밥값이 고작 4000원. 그 바로 옆 건물인 홈플러스 1층에는 푸드 코트가 있고, 홈플러스 직원들을 위한 구내식당도 건물 안에 있기에 어쩌면 꽤 경쟁이 치열한 상권이다. 심지어 조금 더 걸어가면 도매시장인 경동시장에 밥값이 평균 5000원대인 식당들이 있어서인지 음식점의 발전이 더딘 지역이다.

주거지와 사무실, 점포, 회사들이 섞여 있는 곳이 좋은 이유는 평일이나 주말까지 손님을 받을 수 있기 때문이다. 첫 점포는 서울 연신내역 근처 주택가로 들어서는 골목 허름한 창고 자리였다.

세 곳의 식당 위치로 본 상권 분석

앞서 세 곳의 식당을 창업할 때의 비용과 기간에 대한 정보를 간단한 표로 정리한 것처럼 이번에는 세 곳 식당의 지역적인 특징을 구체적으로 비교해 본다. 우리가 열고 운영했던 점포들의 위치가 모두 최고이자 최적은 아니지만, 창업을 준비하면서 처음 점포를 계약할 때의 막막함을 덜어주고 싶은 조언이다.

2009년 서울의 은평구 연신내역 주변 상권의 분위기는 지금과는 많이 달랐다. 은평구에 뉴타운이 들어온 지 몇 년 되었는데도, 주변 인프라가 더디게 구축되고 있어서 많은 사람들이 연신내 전철역과 불광 전철역 상권에까지 와서 소비를 하던 때였다. 연신내는 3호선과 6호선이 환승하는 역인 만큼 유동 인구도 많고 통행량도 많다. 강남과 서울 시내를 출근지로 하는 이들의 베드타운 역할과 함께 서울 서북지역 끄트머리 상권이었다.

우리가 들어가기 이전에는 더 활황이었던 곳이 경기가 한풀 꺾여 서울 시내 대규모 상권에 소비자들을 빼앗기고 난 후였다. 이 무렵엔 사람들이 자신의 동네에서 즐기거나 소비하기보다는 멋진 상점들이 들어찬 대형 상권을 찾아 먼 곳이라도 달려가기 시작한 특징이 있었다.

2009년 첫 식당을 열고 1년이 지난 2010년쯤 서서히 맛집 탐방문화가 시작되고 있었다. 스마트폰의 보급으로 수많은 맛집 정보 사이트가 인기를 끌기 시작했고, 소비자들의 리뷰문화도 막 시작될 무렵으로 기억한다. 이때는 서울 시내의 정말 큰 상권에서 시작된 유행이나 문화가 수도권 외곽으로 퍼져나갈 시기라 동네에서, 그것도 좁은 골목길에서 사랑받을 만한 맛집을 찾기란 어려운 시절이었다.

당시의 사진을 지금 보면 참 부끄럽지만 그런 시절에 첫 식당을 연 덕분에 〈2nd 키친〉이 홍대스럽다든가, 삼청동스럽다는 이야기도 좀 들었다. 당시 은평구 연신내역 근처 상권에는 옛 어르신들이 하던 분위기의 음식점들이 더 많을 때였으니까. 그래서 나무를 많이 사용한 인테리어에 영문 식당명과 카페식 테이블과 의자로 식당을 채운 것만으로도 꽤 먹고 들어갔다.

연신내역 근처 〈2nd 키친〉, 불광역 근처와 동대문구청 옆 〈두번째 부엌〉 지도(빨간 깃발). 모두 역을 중심으로 상권과 주택가가 이어지는 곳에 위치한 점포를 골랐다.

3곳의 입지적 특징 및 임대료 비교

	연신내 〈2nd 키친〉	대조동 〈두번째 부엌〉	동대문구청 옆 〈두번째 부엌〉
점포 크기 및 특징	• 5층 상가건물의 1층 • 9평 • 전면이 가로로 긴 직사각형 점포 • 외부 화장실	• 3층으로 된 구식 주상복합 건물의 1층 • 9평(화장실 포함) • 전면이 좁고 안으로 길쭉한 직사각형 점포	• 리모델링한 5층 상가 건물의 2층 • 24평(화장실 포함) • 1층 입구는 보통 문 하나 크기 • 2층 전체는 정사각형에 가까운 점포
임대료	• 보증금 1500만 원 • 월세 65만 원 • 권리금 없음	• 보증금 1000만 원 • 월세 50만 원 • 권리금 대신 설비비 300만 원 지불	• 보증금 2000만 원 • 월세 140만 원 • 권리금 없음
입지	• 대로변에서 떨어진 주택가 골목 초입 • 연신내 전철역 280m 거리 근접 상권 • 1층 상가의 끄트머리 위치, 원래 용도는 주차장 • 바로 옆에는 호프집과 참치집 운영 중	• 불광 전철역 250m 거리 근접 상권 • 대조시장 맞은편 • NC백화점 후문 앞에 삐딱한 위치의 건물 • 1층 상가의 끄트머리	• 용두 전철역 100m 거리 근접 상권 • 동대문구청 옆 대로변 • 1층에 커피숍과 편의점 입주

연신내 전철역 상권은 사방으로 뻗어 있어 첫 식당이 있던 골목을 나가 대로변 맞은편으로 가야 겨우 예전의 영화가 흔적만 남아 있는 '로데오 거리'가 있었다. 2010년이 지나면서 연신내 상권은 대대적으로 변신하기 시작했지만, 우리가 오픈했을 당시는 변두리 문화가 많이 남아 있고 상권 근처로 주택가가 연결되면서 인구가 꽤 있음을 증명하는 곳이었다.

즉, 주택가 사람들이 출퇴근하면서 우리 식당에 들를 수 있는 곳. 낮에는 동네에서 일하는 분들과 은행, 상가의 직원들, 학원을 오가는 부모님과 학생들이 주 고객층을 이뤘다. 저녁 때는 퇴근하는 동네 사람들이 식당을 채웠다. 이 정도였기에 영업이익 면에서 손해는 없었지만, 욕심껏 저축을 하면서 살 만큼의 매출은 안 나왔다. 그래서 오픈 1년 후부터는 내가 따로 다른 일을 하면서 가계를 채웠다.

첫 번째 식당을 접을 무렵 생긴 늦둥이 아들의 출생과 관련해서 우여곡절을 겪느라 두 번째 식당의 오픈이 늦어졌다. 몇 개월의 공백 끝에 집과 가까운 불광 전철역 NC백화점 후문 쪽 점포를 택했다. 지금 생각해보면 그 당시 남편은 그나마 있던 배포도 작아져 더 적은 비용으로 두 번째 창업을 했다. 진짜로 혼자서도 할 수 있는 곳을 목표로 찾아낸 듯했다. 주방이 어찌나 작은지 딱 성인 한 명이 서 있으면, 앞뒤로 겨우 60cm 정도만 남는 공간에서 일을 했다.

두 번째 점포의 특징은 NC백화점 후문 중 한 곳이면서, 응암동 쪽과 대조동 쪽을 잇는 골목길에 있었다. NC백화점 자체가 그 앞에 후락한 대조시장을 품고 있거니와 백화점도 고급이 아니라 덤핑이나 재고품을 많이 털어 내는 중저가 백화점이었다.

처음엔 대조시장을 찾는 응암동 손님들이 지나가는 길목이니 시장 손님도 많이 찾겠거니 했지만, 그리 많지는 않았다. 그저 우리 식당이 좋아서 일부러 찾아와 주는 손님들이 대부분이었다. 처음 찾아오기가 힘들어서 그렇지, 한 번 오면 다시 찾아 주었다. 드나듦이 좋은 사방으로 연결되는 통로였기 때문이다. 결과적으로 이 점포의 70% 이상 주 고객층은 NC백화점 직원들이었고, 나머지가 사방 1km 안에서 찾아와 주는 손님들이었다.

이 점포를 운영하면서 확인할 수 있는 것도 있었다. 음식 맛이 좋으면 꽤 먼 곳에서도 기꺼이 찾아와 주는 분들이 있다는 것이다.

요리군은 그 험지, 손바닥만한 주방에서 늦둥이 아이와 아내를 먹여 살릴 정도의 매출을 내며 세 번째 식당에 대한 상을 키워나가고 있었다. 두 번의 점포를 경험하면서 자신이 참아 낼 수 있는 것과 그렇지 못한 것들을 분별하게 되어 나온 생각이 2층 점포에 식당을 내고 싶다는 것이었다. 첫 번째와 두 번째 식당 모두 골목길에 위치해 있다 보니 차량의 주정차 문제로 실랑이가 많았다. 흔한 문제지만 큰일로 번지기도 하는 골칫거리 아닌가.

식당 앞 NC백화점 후문에는 상품들의 적재 창고가 있어서 지게차와 대형 트럭이 하루에도 몇 번씩 오갔고, 식당 앞을 막아서기도 했다. 점포가 들어 있는 건물이 골목에 좀 삐딱하게 서 있는 형태라 간판 모서리 부착 면과 그곳에 나와 있는 연통을 대형 트럭이 치고 가 쭈그러들 지경이었다. 골목은 골목대로 꽤나 지저분해서 아침마다 청소하고 손님 없을 때마다 나와서 정비해도 이웃한 코딱지만한 공터에 장기 주차된 차량들 곁

엔 무단 투기된 쓰레기들이 난무했다. 끊임없이 구청에 신고하고 민원을 넣어서 감시해도 소용없었다. 게다가 NC백화점 직원들이 근처에서 밥 먹고 나서 담배를 피우는 자리로 그곳을 이용해 골치가 아팠다.

당시 지인이나 친척들이 와서 보기엔 첫 식당과 비교해 안타까운 모습이었을지도 모른다. 하지만, 그런 과정을 통해서 배운 것이 참 많다. 그 경륜은 세 번째 점포를 찾고 운영하는 데서 빛을 발했다.

첫 번째와 두 번째 점포의 장점은 시장이 가까워서 요리군이 장보기가 편리했다는 것이다. 두 군데 모두 돈가스가 주 메뉴였기에 채소류가 많이 들지 않아서 그나마 작은 식당을 홀로 지켜 내며 장도 보고 운영도 거뜬히 해낼 수 있었다. 장보는 면에서나 운영 면에서도 용이했으리라.

세 번째 점포인 서울 동대문구 용두동, 지금의 점포를 살펴보자. 지금까지의 식당 중 가장 큰 규모로 24평 크기다. 화장실도 쾌적하게 쓸 정도로 내부에 있어 모처럼 마음이 흡족했다. 주방도 예전처럼 옹색하지 않게 꾸밀 수 있어서 마음이 좋았더랬다.

세 번째 점포는 동대문구청 정문에서 도보로 몇 걸음 거리의 위치라 처음 얘기만 듣고도 좋다고 생각했다. 게다가 첫 번째 식당을 열 당시, 은평구청 옆 골목의 작은 점포를 마음에 두었는데, 계약이 무산되어 안타까워했던 기억도 한몫했다. 구청 옆의 점포라면 유동 인구가 많기 때문에 상권으로써는 꽤 괜찮을 것이란 기대가 컸다.

게다가 대로변 버스 정거장 앞에 있는 아주 잘생긴 건물이었다. 첫 번째 식당도 조금 오래된 느낌이지만 잘생긴 건물에 있었다. 잘생겼다 함은 건축된 모양이 토지에 억지스럽게 들어서 있거나 옹색하게 지어지지 않았다는 뜻이다. 상대적으로 두 번째 점포는 잘생기지 않았다. 어색하고 삐딱하게 골목에 위치하고 있어 장사하는 요리군의 맘도 늘 불안했다고 한다. 그만큼 자잘한 사건사고도 많았고, 최고와 최저 매상 차이가 유별나 운영하는 요리군의 마음이 시커멓게 타는 일이 많았다.

그런 모든 약점들을 극복한 듯한 세 번째 점포는 임대료가 좀 높았다. 게다가 집에서 대중교통을 이용하면 대략 1시간 걸리는 위치였다. 그럼에도 불구하고 요리군은 딱 3번 살펴보고는 계약을 결정했다. 대신 이전 점포를 먼저 빼야 했기에, 한 달 후 정식으로 계약서를 나눴다.

세 번째 점포가 들어선 입지 역시 배후지 깊숙이 주택가가 이어져 있다. 주택가가 시작되는 대로변에 있어서 근처 건물들에 자잘한 회사들이 여기저기 있었다. 그런데도 이렇다 할 음식점이 별로 없었다. 앞서 말했지만 동대문 구청의 구내식당과 그 옆 건물에 대형 쇼핑몰이 상권을 지배하고 있었지만 도전장을 내밀었다. 세 번째 식당을 열게 되니 요리군에게는 그 정도는 극복할 정도의 자신감이 생겼다. 다양한 요리를 해내는 오너 셰프이므로 지역에 부족한 아이템을 하면 될 것이라는 마음가짐이었다. 그럼에도 불구하고 오픈 후 몇 달은 자리 잡기 위해 당연히 고생을 좀 했다.

하지만 이제는 10분 정도 거리에서도 너끈히 걸어서 찾아오는 식당이 되었다. 일단은 대로변이라는 용이한 접근성이 큰 몫을 했다고 본다. 그리고 기본기가 탄탄한 요리군의 음식이 점포를 살리는 경쟁력인 듯하다. 덕분에 오늘까지 꾸준히 손님들이 와 주는 동네 밥집으로 사랑받고 있다.

점포 계약 시 확인해야 할 것

1. 근처의 개발 계획 여부를 확인한다

부동산 중개소나 구청을 통해 점포 주변에 도로공사나 신축공사 계획이 있는지 확인한다.
공사로 인해 영업에 막대한 지장을 줄 수 있기 때문에 주의해야 한다.

2. 관련 시설물들이 정상인지 확인한다

상하수도가 정상인지, 주방을 잘 쓸 수 있는지 여부, 도시가스, 조리 시 화구의 환기통로
(없으면 낼 수 있는지), 에어컨, 전기배선 등의 시설이 정상인지 확인해야 문제가 발생하지
않는다.

3. 같은 건물에 어떤 업종의 가게들이 들어와 있는지 확인한다

같은 건물 상하좌우에 어떤 업종이 들어와 있는지에 따라 영업에 도움이 되기도 하고 방해
가 되기도 하므로 반드시 확인한다. 또 식당 운영 시 영향을 미칠 요인과 월세 외에 관리비
등 따로 지출해야 하는 금액도 확인한다.

4. 제2종 근린생활시설인지 확인한다

건축법상 제2종 근린생활시설이어야 음식점 허가가 가능하다. 제1종 근린생활시설이라
면 용도를 변경해야 하는 번거로움이 따른다.

5. 건물주와 계약 당사자가 동일 인물인지, 저당은 잡히지 않았는지 확인한다

보통 부동산 중개소에서 확인해 주지만, 등기부등본을 발급받아 건물주와 계약 당사자가

같은 사람인지 확인하고, 저당 내역을 확인한다. 만약 계약하려는 점포에 근저당권 설정 등기가 되어 있다면 채권 최고액을 확인해야 한다. 건물이 대출을 받은 금융권으로 넘어갈 경우 점포 임대료를 회수할 수 있는 정도인지를 꼼꼼히 살펴봐야 손해 보는 일이 없다.

6. 영업 허가가 나올 수 있는 곳인지 확인한다

건물주나 부동산에 영업 허가가 나오는 데 문제가 없는지 확인한다. 이전 운영자가 식품위생법 규정에 의해 '영업소 폐쇄 명령'을 받고 나간 지 6개월~1년(사유에 따라 다름)이 안 되었을 경우, 점포를 계약하더라도 영업허가가 나오지 않아 아예 개업을 못하는 경우가 있다. 또 전 영업자가 폐업 신고를 하지 않고 그냥 나갔을 경우, 같은 주소지에는 사업자등록 및 영업 신고가 불가능하다.

7. 인테리어 기간에는 임대료는 지급하지 않도록 한다

보통 1~2주 정도의 인테리어 기간에는 임대료를 받지 않는 게 관행이지만, 건물주와 협의해서 임대료 지급 여부를 확인한다. 건물주에 따라 공사 기간을 짧게 주는 경우도 많으므로 공사 기간을 최대한 줄여야 한다.

8. 계약 후 계약서와 건물 설계도면을 가지고 세무서에 가서 확정일자를 받는다

위의 서류를 갖고 해당 지역의 세무서에 가서 확정일자를 받으면 만약의 경우(건물이 대출받은 금융권으로 넘어갈 경우 등) 속한 지역의 기준에 따라 점포 임대료를 변제받을 수 있다.

식당 이름을 짓는 방법

만약 점포 계약 전부터 하고 싶은 업종과 메뉴가 대략 정해졌다면, 일찌 감치 식당 이름을 지어 놓는 것이 좋다. 우리도 창업 이전부터 임시 이름을 지어 놓았지만, 막상 계약을 마치고 대략 팔고 싶은 메뉴의 윤곽이 생기자 이전에 생각해 놓은 이름들이 다 마뜩지 않아서 큰 고민에 빠졌다. 그래서 첫 식당 때 약 26일간 인테리어와 설비, 창업을 위한 행정 절차 등을 처리하면서 동시에 식당 이름을 짓는 것도 참 어려운 일 중 하나였다.

식당 이름이 확정되어야 사업자등록도 하고, 다양한 행정 절차를 밟기 시작할 텐데 좀처럼 좋은 이름이 떠오르지 않았다. 이리저리 고민하던 중, 당시 우리 부부 모두 열렬히 시청해 마지않던 고든 램지의 〈헬's 키친〉이란 해외 TV 프로그램에서 힌트를 얻어 '키친'이란 단어를 먼저 선택했다. 그런 다음, '키친'에 어울리는 수식어를 만들고 싶어서 많은 단어를 붙여본 끝에 '두 번째 부엌'이란 뜻의 '세컨드 키친'으로 결정했다.

'두 번째 부엌'이란 우리 부부에게도 거주지 외의 두 번째 부엌이기도 하거니와 손님들에게도 집밥처럼 착한 음식을 대접하고 싶다는 의미에서 손님들의 두 번째 부엌이 되고 싶다는 중의적인 소망을 담은 네이밍이다. 게다가 당장은 돈가스와 면류, 밥 중심으로 출발하는 식당이지만, 식당이 성장해 규모를 키우거나 노선을 달리해 빵이나 피자, 요리, 주류도 선보이고픈 '확장성'을 고려해 영문 이름을 지었다.

〈2nd 키친〉이란 이름을 모니터링해 준 출판계 지인들은 모두 듣자마자 좋아했지만 요리군은 이런 식당 이름이 연신내라는 지역에서 통용될까 하는 점 때문에 걱정을 좀 했다. 지금이야 '키친'이란 네이밍이 정말 흔해졌지만, 당시엔 대형 상권에 가도 하나, 둘 있을까 말까 하는 정도로 드물었다. '키친'을 대충 '치킨'으로 잘못 읽는 손님들에 대한 우려였던 것이다. 실제로도 식당을 열자 동네 사람들 중 특히 어르신들이 미닫이문을 드르륵 밀며 "치킨 한 마리만 포장해 줘~"라기 일쑤였으니까.

식당 이름은 트렌드에 따라 달라지기도 하고, 그 업종의 주 타깃인 손님층에 따라 달리하는 것이 맞을 것이다. 우리는 20~30대 손님이 주 타깃이기 때문에 영문 이름이라도 시간이 지나자 잘 이해받았지만, 다른 세대를 주 타깃으로 하는 식당은 또 다른 특성을 적용해야 할 것이다. 그러나 확실한 것은 '부정적인 느낌'의 이름은 이제는 안 통한다는 것이다.

식당 이름을 짓기 위한 요령을 따로 알려 주긴 어렵지만, 책을 만들던 입장에서 책 제목을 많이 지어 봤으니 부연한다. 사람 이름도 시대에 따라 달라지듯이 식당 이름도 많이 변화하고 있다. 예전에는 흔히들 '누구누구네~' '무슨무슨 가(家)'라는 식으로 자식 이름이나 고향 지명을 넣기도 하고, 돈가스집이라면 일본어로 짓기도 했다. 그러나 요즘은 한번에 와닿는 이름이 좋다. 뒷장에서 설명할 '콘셉트'가 갖춰졌다면 영문 이름을 쓰거나 과감히 한글 이름을 써봄직도 하다. 다만 입으로 소리 내어 봤을 때, 누구나 쉽게 발음할 수 있고 대중적인 단어가 좋다.

지금 짓는 식당 이름을 오래오래 브랜드로 키워가고 싶다면 반짝 유행하고 말 단어를 사용할 것이 아니라 감각적이면서도 세련된 네이밍이 필요하다. 그런 면에서 〈2nd 키친〉은 큰 유행을 타지 않고, 카페 등에서 많이 쓰는 영문 단어이므로 감각적이면서도 좀 오래갈 수 있을 것 같았다.

또 식당 이름에는 설명하기 좋은 나름의 의미가 들어 있어야 하는데, 중의적인(하나 이상의 의미) 단어나 문장을 선택하는 것이 더 넓은 의미로 해석 가능해 좋다. 창업 전 다니던 출판사에서 나만의 브랜드로 임프린트를 맡아서 운영하게 되었다. 그때 브랜드 이름을 만들기 위해 많은 고민을 하던 중, 도움을 받았던 『브랜드 네이밍 사전』이란 책이 있는데, 테마별 단어들을 5개국어로 소개한다. 그런 책을 읽으면서 그냥 직관적으로 맘에 드는 이름들을 마구마구 적어 놓아 봤더니 당시 내가 좋아하는 단어의 특징은 외국어라도 한국어로 표기하면 명사형으로 끝난다는 사실을 깨달았다.

그렇게 자신이 좋아하는 단어의 특징을 파악한 뒤, 조건에 맞는 단어

집 밖에서 만나는 부엌이란 의미로 지은 식당 이름 〈2nd 키친〉은 두 번째 점포 때부터는 한글명 〈두번째 부엌〉으로 바꾸었다.

들로 좁혀 들어가는 방법도 있다. 그때 지은 브랜드명은 '금'을 뜻하는 라틴어 'Aurum(아우름)'이었는데, 한글로도 '아우르다'라는 의미의 명사형이 되어서 한글과 영문 어느 것으로 표기해도 자연스러운 단어였다.

요즘의 식당 이름은 아주 다양해져서 영문 정도는 흔한 것이 되었고, 자신의 이름을 내건 식당이나 여러 낱말, 혹은 문장을 이용한 곳도 많아졌다. 그만큼 자신만의 개성을 강조하는 시대가 음식점에도 반영된 증거이리라. 이렇게 만들어진 식당 이름을 가진 업소에는 젊은이들이 주 손님층을 이룬다.

식당 이름으로 쓰는 단어의 뉘앙스에도 세대별 기호가 있다. 따라서 자신이 지은 식당 이름이 모든 세대에 통용될 이름인지, 주 타깃층만을 고려한 이름인지 잘 판단해야 한다. 60대 이상의 부모님 세대에게는 '세컨드 키친'은 발음하기도 어렵고, '치킨'으로 헷갈리기도 하는 낯선 영문 단어일 뿐이었으니까.

첫 번째 식당 이름이었던 〈2nd 키친〉을 지을 때까지의 과정을 주로 설명했는데, 대조동으로 식당을 옮길 때 기존의 이름을 버리고 〈두번째 부엌〉으로 이름을 바꿨다. 우리의 첫 창업 후에 한남동 쪽에 같은 이름의 〈2nd 키친〉이 생겨서 우리 쪽으로 예약전화가 많이 와 번거롭기도 했고, 대조동의 점포에는 왠지 어울리지 않은 느낌이었다. 두 번째 점포는 정면 폭이 좁고 안쪽으로 긴 형태라 왠지 〈2nd 키친〉은 좀 거창한 느낌이어서 부담스럽기도 했다. 한남동 쪽의 〈2nd 키친〉이 화려하고 큰 식당이라서 더 그런 느낌이 들었을지도 모르겠다.

첫 번째 식당 간판에 〈2nd 키친;〉이라고 적어 놓고 그 아래에 카피로 '당신의 두번째 부엌'이라는 말을 썼는데, 당시 와준 손님들 중 그 카피가 더 좋다는 사람이 많았던지라 큰 고민 없이 〈두번째 부엌〉으로 이름을 변경해서 운영했다. 이후 한글화한 것이 더 마음에 들었다.

그런데 어느새 '두번째 부엌'이라는 다른 음식점이 검색되어 또 존재한다는 것을 알게 되었다. 첫 번째 점포에서 창업했을 때, 바로 상표권 등록을 신청했었는데 여러 이유로 거부되어서(고유명사라는 이유가 컸다) 이후로 상표권 등록을 신경 쓰지 않고 지낼 무렵이었다. 상표권은 사업자 등록과는 다른 의미라 그냥 공존하기로 마음먹고 지낸다. 헌데, 네이버에 식당 블로그를 처음 개설한 2009년부터 블로그 스킨에 적어 넣은 카피 '두번째 부엌 이야기'를 식당 이름으로 그냥 가져다 쓴 또다른 음식점도 있었다. 지금은 사라지고 없지만….

식당 이름을 확정했다면 한 번쯤 상표등록 사이트에 들어가 검색해 보자. 나중에 식당 이름으로 상표권을 등록하고자 할 때, 가능한지 아닌지를 확인할 필요가 있기 때문이다. 우리나라에서 제품을 판매하기 위한 상표권은 무척 까다로워서 출원을 해도 보통 1년 안에 결과가 나오지 않는다. 게다가 고유명사를 사용한 상표들은 등록도 어려운데, 이 부분은 장기적으로 생각해서 처리해야 할 것이다. 하지만 사업자등록상의 식당 이름(상호)과 상표권은 별개의 문제이므로, 세무서에서 신고할 때 같은 지역 내에 없는 상호라면 사업자등록에는 문제가 없다.

창업을 위한 첫 행정 절차는?

점포 계약을 마치고 식당 이름을 지었다면 곧바로 창업을 위한 행정 절차에 들어가야 한다. 요리군은 인테리어와 설비 작업 등을 의뢰해 놓고, 하루 날을 잡아서 한국외식업중앙회에서 실시하는 '식품접객업 신규 영업주 위생교육'을 받았다. 요식업을 하기 위해서는 이 교육을 이수하고, '위생교육 필증'을 발급받아야 '영업허가'를 신청할 수 있으며 매년 3시간의 재교육도 필수다. 위생교육을 꼬박꼬박 받지 않으면 과태료까지 부과된다. 요즘은 간단하게 온라인으로도 수강이 가능하다. 점포 계약 후 이런저런 일로 바쁠 때 집에서도 PC만 켜 놓으면 할 수 있으니 참 편리해졌다.

음식점의 영업허가를 받기 위해서는 위생교육 필증 외에 '가스 사용점검 확인필증'과 '소방필증(1층 점포는 필요 없음)', 건축물 관리대장 등본이 필요한데, 인테리어 설비 시 가스시공 업체에 맡기면 알아서 해결해 준다. 인테리어에 가스시공이 포함되어 있지 않다면 가까운 가스시공 업체를 찾아내 의뢰해 도움을 받으면 된다. '영업허가'가 나지 않으면 음식점 사업자등록이 불가능하며 음식을 판매할 수 없다. 또 판매 메뉴 중 주류가 있을 경우, 영업허가 신청 시 '일반음식점'으로 신청해야 주류의 사입과 판매가 가능하다. 사업자등록 시에 주류 판매 허가도 함께 신청해야 주류의 도매 사입이 가능해진다.

사업자등록은 관할 세무서에서 발급한다. 사업자등록증 발급에 필요한 서류(신청서, 임대차 계약서, 영업허가증 사본)를 준비해 찾아가 발급받는다. 첫 식당 때는 몰라서 외식업중앙회에 가입한 후, 지부에 맡겨서 대행시켰다. 외식업중앙회는 월 회비를 받으며 음식점 업주들에게 필요한 정보와 법률 사항 등을 그때그때 알려주는 역할을 하고, 매년 종합소득세와 부가가치세 정산 등도 대행해 준다. 두 번째 식당부터는 그 과정을 좀 알게 되어 이곳에 위탁하지 않고 세무사를 이용하고 있다.

영업허가 신청이나 사업자등록은 점포 계약 후, 인테리어 공사 기간에 일찌감치 신청해 두어야 오픈에 지장이 없다(사업 개시일로부터 20일 이내 신청해야 영업 가능). 또 모든 행정 절차를 마쳤으면 사업자등록증을 여러 장 복사해서 가지고 있어야 다양한 일 처리에 효과적이다. 요즘은 스마트폰으로 사진을 찍어 두고 필요한 곳에 증빙서류로 전송하기도 한다.

사업자등록을 마치면 관할 보건소에서 건강진단 후 보건증(건강진단 결과서)을 받아야 식당에서 일을 할 수 있다. 영업주나 요리사, 종업원, 아르바이트 할 것 없이 식당에서 일하는 모든 사람들이 해당된다. 위반 시 과태료가 있다. 검사하고 나서 1주일 후쯤 발급된다.

연신내의 첫 식당 때 요리군은 인테리어와 설비 공사로 힘든 나날을 보낼 때라 영업신고와 사업자등록 신청은 외식업중앙회 지부에 위임해 놓고 설비에 힘쓰고 있었다. 그러던 어느 날, 청천벽력과 같은 소식이 날아들었다. 사업자등록증 발급이 안 된다는 것. 이유는 전 업주가 '폐업 신고'를 하지 않았기 때문이다. 뜻밖의 소식에 급히 전 업주를 수소문했는데 도통 연락이 닿지 않았다. 3일 정도 연락이 불통된 채 피가 마르는 상황이 계속되었다. 할 일은 태산같이 많고 모든 일이 대략 정해 놓은 오픈일을 향해 달려가는데, 무엇 하나 제 날짜에 해결되는 일이 없던 무렵이었다. 당시 사업자등록증 등의 서류에 첨부하기 위해 찍은 요리군의 반명함 사진을 보면 초췌하기 이를 데 없다.

건물 관리소에서 계속 연락을 취해 주어 전 업주와 간신히 통화가 되었다. 그런데 이번에는 그가 사고로 다리가 부러져서 꼼짝할 수 없는 상태라며 나중에 해 주면 안 되겠냐는 황당한 답변이 돌아왔다. 관리소장님의 중개 끝에 간신히 폐업 신고를 마치고, 영업허가와 사업자등록을 마쳤다. 하지만 모든 절차가 끝나기까지 시간이 빠듯해서 정말 아찔했던 기억으로 남아 있다.

회사를 다닐 때와는 차원이 다르다. 회사는 시스템으로 운영되기 때문에 자신의 역할만 잘하면 된다. 그러나 창업은 다르다. 하나에서 열까지 모든 일을 다 알아야 제대로 창업할 수 있다. 문제는 세상이 내 맘대로 움직여 주지 않는다는 것이다. 어떤 일도 계획한 대로, 일정대로 착착 진행되지 않는다. 그래서 창업은 전쟁의 또 다른 이름이다.

자, 복잡하게만 보이는 이 모든 절차를 마쳤으면, 이제부터 당신은 한 영업장의 사장이 된 것이다! 사방에서 사장님, 사장님 부르지만 이렇게 위력 없는 한심한 사장이 천지에 있을까. 무르게 보였다간 뒤통수 맞기 일쑤인 상황이 계속된다. 우리 부부 둘 다 첫 개업 당시에는 참 순진하게 보였던 것 같다. 아니, 실제로 지금과 비교하면 많이 순진했다. 원래 둘 다 가격 흥정을 못할 뿐만 아니라 성격상 정말 싫어했다. 그런데 혹시나 싶어서 흥정에 들어가면 대개 조금씩 깎아 주는 걸 경험했다. 도매상들은 다들 깎을 것을 예상하고 값을 불렀던 것!

남대문 시장에서 처음으로 그릇을 구입할 때의 일이다. 날고 기는 도

매상인들과 대거리가 되지 않는 주제에 처음으로 흥정하려 들다가 힘없이 픽 웃으며 말했다. "저 너무 대책 없이 깎아 달라고 하는 건가요…?"

그랬더니 좀 불쌍해 보였던지, 진솔한 느낌의 점원 분이 "아니요. 다들 그렇게 흥정하는 거죠, 뭐. 괜찮아요. 조금 깎아드릴게요…" 하면서 10% 정도 깎아 주었다. 그때부터다. 밑져야 본전! 무엇이든 깎아 주세요~ 하며 덩치에 어울리지 않게 애교를 떨었다. 그런데 밑져야 본전이라 생각한 행동이 뜻밖에도 통했다.

그렇게 조용히 내 일만 하던 요리군의 편집자 아내에서 근성 있는 식당 아줌마로 바뀌어 갔다. 요즘은 어떻냐고? 거래처 어딜 가든, 처음 간 곳이라도 그냥 알아서 10%쯤 깎아 준다.

요리군의 창업
Tip 04

창업 시 필요한 행정 절차 한눈에 보기

1. 신규 영업주 위생교육 이수 : 한국외식업중앙회 www.foodservice.or.kr

인테리어 시공에 들어가면 시간 내서 위생교육을 받는다. 요즘은 온라인으로 가능해서 하루면 된다. 이것을 이수해야 영업허가를 신청할 수 있다.

↓

2. 영업허가 신청

위생교육을 마치면 시, 군, 구청 위생과에 영업허가를 신청한다. 영업허가증이 나와야 사업자등록증을 신청할 수 있다.

↓

3. 사업자등록증 신청

임대차 계약서, 영업허가증 사본을 가지고 관할 세무서에 가서 사업자등록 신청서를 작성해 접수하면 발급된다. 오픈일 전까지 만들어 둬야 한다.

↓

4. 보건증 발급

관할 보건소에 가서 건강진단을 받으면 1주일 정도 안에 보건증이 나온다. 식당에서 일하는 모든 사람들이 오픈하기 전까지 발급받아야 한다.

참고 1) 식품위생법상 음식점 분류

휴게 음식점 : 주로 차나 커피, 아이스크림 등의 음식물을 조리, 판매하는 패스트푸드점, 커
피숍 등. 음주 행위 불가

일반음식점 : 음식류를 조리, 판매하며 식사와 함께 '음주 행위'가 허용됨. 호프집, 한식, 레스
토랑 등. 〈두번째 부엌〉은 주류 판매가 가능한 일반음식점이다.

단란주점 : 일반음식점의 음주 행위 외에 손님이 노래를 부를 수 있는 행위가 허용됨.

유흥주점 : 단란주점의 노래 행위 외에 유흥 종사자를 두거나 춤을 출 수 있는 카바레, 룸살
롱 등.

위탁급식 : 단체 급식소를 설치, 운영하는 자와 계약에 의해 그 단체 급식소 내에서 음식을
조리해 제공하는 곳. 음주 행위 불가.

제과점 : 주로 빵, 떡, 과자 등을 제조, 판매하며 음주 행위 불가.

참고 2) 간이 과세자와 일반 과세자

간이 과세자는 총 매출액이 4800만 원 미만인 개인사업자이고, 일반 과세자는 4800만 원
이상을 말한다. 10평 내외의 작은 가게로 시작하려면 일단, 사업자등록 신청 시 '간이 과세
자'로 신고한다. 연 매출이 4800만 원을 넘기면 자동으로 '일반 과세자'로 전환된다. 창업 첫
해에 간이 과세자로 지내면 첫 번째 부가세 신고 시 세금을 내지 않아서 유리하다.

CHAPTER 4

밥집에도 콘셉트는 필요하다

어떤 식당을 하고 싶은가?

10평이 채 안 되는 작은 식당일지라도 '콘셉트'는 정말 필요하다. 이건 아마도 내가 책을 만들 때의 프로세스로 사고하고 오픈을 준비한 때문인데, 식당을 만들 때도 무척이나 중요한 부분이다. 요즘처럼 미적인 안목이 높은 시대에 '감각과 스타일'은 그 식당의 정체성을 알려주는 표식이다.

콘셉트concept는 왜 필요할까? 콘셉트야말로 메뉴, 인테리어, 서비스, 운영 방식을 좌우하기 때문이다. 식당에 일관된 콘셉트가 있으면 '음식 맛'을 보지 않고도 손님들은 그곳을 '맛있겠다'고 먼저 느낀다. 음식은 꼭 '맛'으로만 경험되는 것이 아니다. 식당 전체에서 풍겨 나오는 분위기에

겨울이 오면 따뜻한 느낌의 크리스마스 소품으로 식당을 장식했다.

음식 맛, 가격, 서비스까지 한데 어우러져 자주 가고 싶은 식당으로 인식되는 것이다.

연신내 〈2nd 키친〉을 오픈한 초기, 처음 겪는 혹독한 겨울이었던지라 눈이 오면 그때그때 달려 나가서 식당 앞에 쌓인 엄청난 눈을 치우곤 했다. 그러다 보면 골목을 지나는 사람들의 대화를 자연스레 들을 수 있었다. "이 가게 맛있겠다!"라는 이야기.

처음에 그 말을 들었을 때, 기쁘다기보다는 좀 흥미로웠다. 식당의 외관만 보고도 사람들은 '맛'을 연상하니 말이다. 요즘에는 자리를 잡고 앉은 손님의 주문을 받고 돌아서면 '여기 맛있겠지?'라는 소리를 듣는다. 맛

을 보기 이전에 맛을 느끼는 건 공간과 부합된 총체적인 분위기 때문일 것이다.

이른바 '스타일'의 시대다. 스타일이 모든 것을 표현하고, 그 정체성까지 알려주는 시대. 그러니 식당엔들 왜 콘셉트가 안 필요하겠는가? 그렇다면 콘셉트는 어떻게 잡는 것일까?

책을 만들 때도 그렇지만, 사실 콘셉트 잡기는 그리 쉽지 않다. 다른 상품을 만들어 내는 전문가들조차 대부분 그러할 것이다. 책을 만들 때는 기획 단계에서 이미 콘셉트를 가진 '콘텐츠(내용물)'를 찾기 위해 애쓰는 경우도 있고, 반대로 콘셉트를 미리 잡아놓고 그에 맞는 '콘텐츠'를 찾는 경우도 있다. 혹은 콘텐츠를 가진 저자를 먼저 섭외해 놓고 그가 가장 잘해낼 수 있는 내용으로 기획을 한다. 책은 오랜 경험 덕분에 상황에 따라 방향을 잡아 나가는 편인데, 식당의 콘셉트 잡기는 그렇게 수월하지는 않았다. 어쨌거나 우리도 처음 하는 식당이었으니까.

첫 식당인 연신내 〈2nd 키친〉은 점포 계약 후 우리에게 딱 2주의 시간이 주어졌고(월세 계산을 2주 후부터 하기로 함), 그것으로도 시간이 모자라서 인테리어와 오픈 리허설에 2주 정도 더 시간을 썼는데, 콘셉트는 그 시기에 잡은 것이 아니다. 훨씬 이전에 잡아 두었다.

당신도 식당을 만들고자 하는 꿈이 있다면 당장 점포를 알아보러 부동산을 찾아다니지 말고, 콘셉트 잡기부터 하라고 꼭 조언하고 싶다. 안 그러면 시간이 돈이라는 것을 오픈 준비 시부터 절감하게 된다. 시간이 충분해도 인테리어라는 게 그리 만만치 않은 일이기 때문이다. 인테리어를 말할 때 장식적인 것만이 아닌 주방 등의 내부 설비까지 포괄해서 말이다.

자신이 좋아하는 것, 지겨워하지 않을 것을 하라

콘셉트를 잡을 때 시험문제처럼 누구에게, 어떤 것을, 얼마에, 어떻게 팔 것인가… 등의 항목화한 리포트에 답을 적는다고 해서 콘셉트가 쉽게 잡힐까? 별로 그럴 것 같지는 않다. 다른 것들도 그렇지만, 식당의 콘셉트를 잡는 것은 결코 쉬운 일이 아니기 때문이다.

'식당 콘셉트 잡는 법'은 가르쳐 주기도 힘드니 우리가 겪은 과정을 이야기하면서 풀어 본다. 지금에 와서야 깨달은 '식당 콘셉트 잡는 법'의 기초는 다음과 같다.

가장 중요한 것은 식당을 운영하는 주체가 '나는 어떤 사람인가'를 잘 아는 것. 즉, 자신의 '취향과 기호'를 정확히 알아야 한다. 그 다음으로 자신이 '하고 싶은 것'이 구체적으로 무엇인지를 '아는 것'이다.

마지막으로 '자신의 취향과 자신이 해낼 수 있는 것이 일치하는지 확인하는 것'이다. 일치하지 않는다면 하나로 모아질 때까지 많은 고민과 노력이 필요하다. 물론 고민하지 않고도 나는 이러이러한 사람, 나는 무엇을 하고 싶다고 말할 수도 있을 것이다. 하지만 그런 즉각적인 답이 아니라 그 질문을 통해서 내가 하고 싶은 것들이 사람들이 좋아하고, 누구에게나 통용될 수 있는 것들인가(유별나거나, 아니면 너무 흔해서 지루하지는 않은지), 혹은 현재 트렌디한 것인가, 앞으로 유행할 것인가 등등을 입체적으로 살펴봐야 한다는 뜻이다.

위의 2가지를 염두에 두고 첫 식당 〈2nd 키친〉(2009년)의 오픈 과정을 살펴보면, 콘셉트를 통해 모든 것이 어떻게 만들어져 갔는지 대강의 그림이 보이게 될 것이다.

요리군과 나는 당시 각각 15년 내외의 서로 다른 사회 경험을 가지고 있었다. 그는 대학에서 조선공학을 전공했지만, 요리에 관심이 생겨 한식 요리사 자격증을 딴 후 요식업계에 들어와 많은 경험을 쌓았다.

나는 일어일문학과 문예창작을 전공했고, 오랫동안 책을 만드는 편집 자로 일을 해왔다. 성격부터 생김새까지 아무튼 둘 다 굉장히 다른 스타 일인데, 극과 극이 통한다는 말을 증명하듯 결혼에 이르렀다. 둘이 유일 하게 공감하는 부분은 손으로 뭔가를 만드는 것. 그리고 창의적으로 일하 며 살고 싶어 한다.

요리군은 근면하다. 그토록 근면하고 성실한 사람을 나는 아직까지 보 지 못했다. 하지만 결혼하고 나서 요리사의 운명을 알고 조금 슬펐다. 새 벽 5시에 일어나 주방에 나가 자신은 공복 상태에서 수백 명을 먹이기 위해 요리를 했으니 말이다. 중간에 브레이크 타임이 없다면 하루 종일 서서 일해야 한다. 요리사란 직업은 적어도 12시간 이상 꼬박 서서 일을 해야 하는 운명이다. 사회적으로 8시간 노동제가 정착된 것이나 월차나 연차 등의 휴가도 챙기는 '주 52시간 근무'는 요리사들에겐 머나먼 별나 라 이야기다.

내가 기획한 일본소설 중에 릴리 프랭키의 장편소설 『도쿄타워 - 엄 마와 나 때때로 아버지』를 보면, 진로에 대해 고민하는 주인공에게 그의 아버지가 "요리사는 어떠니?" 하고 묻는 장면이 나온다. 그때 "전 아침잠 이 많아서 절대 안돼요!"라던 주인공의 대답은 정말 현실적인 얘기다. 불 행히도 그와 난 둘 다 진짜 야행성 인간들인데.

그는 그렇지만 좀 고지식한 면이 있다. 세상의 유행에 별로 관심 없고 아날로그적인 것, 오래된 것, 따뜻한 것, 서민적인 것을 좋아한다. 눈과 입을 즐겁게 해주는 멋들어진 창작요리보단 매일매일 먹는 주식 같은 기본 요리를 잘하는 요리사다. 그렇기 때문에 '밥집'이어야 한다는(식사를 팔자는) 결론을 내렸다.

게다가 요리군은 장식적이고 화려한 요리 세계와는 안 친하다. 스물 몇 가지 한약재를 넣었네, 며칠을 숙성시킨 소스입네… 그런 음식들을 별로 좋아하지 않는다. 바르고 기본적인, 심플한 재료들로 원재료 맛을 살리는 기본에 충실한 요리를 추구하는 요리사다.

처음 만났을 땐 개인적으로 퓨전 중국요리들을 좋아한다고 했다. 뜨거운 불 앞에서 화끈하게 만들어 낼 때 희열을 느낀다며, 먹을 때도 강렬하고 말이다. 그러던 것이 일본문화에 친숙한 나를 만나면서 일본음식의 심플함에 더 기울어져 갔고, 그것이 자신에게 잘 맞는다는 것도 깨달았다. 그런 배경으로 첫 식당 〈2nd 키친〉의 메뉴들이 탄생했다. 한 끼 식사가 되는 돈가스를 중심으로 한 볶음밥과 우동 정도로.

이런 특징을 가진 오너 셰프가 식당을 만들려면 당연히 정체성은 '식사를 파는 곳'이어야 하고, '작은 식당'을 처음부터 목표로 했으니 그 규모에 맞는(조리해 낼 수 있는) 것이어야 한다. 그리고 자신이 좋아하는 요리여야 한다.

첫 번째와 두 번째 식당은 지금보다는 작은 규모라 돈가스 위주로 판매하면서, 계절에 따라 수요에 따라 메뉴를 가감해 가면서 운영했다. 지금은 그렇게 잡았던 콘셉트 안에 '한식'이 포함되어 판매하고 있는데 꽤 반응이 좋다. 백반인 '오늘의 밥상'으로 현재의 용두동에서 짧은 시간에 알려지게 된 계기가 되었다. 그렇지만 '한식'의 수고로움과 상대적으로 적은 수익에 가끔씩 울컥해 하는 요리군을 본다.

요리군과 비슷한 분이 있다. 부암동의 작은 카페로 시작해서 유명해진 곳의 사장님이었는데, 카페를 넓히고 보니 자신은 요리하는 것을 싫어한단 걸 새삼 깨달았단다. 좋아하는 사람들 몇 명에게 요리해 주는 것은 얼마든지 즐겁지만, 하루 종일 밥을 해서 여러 명에게 내놓아야 하는 건 끔찍하더라고. 나도 처음엔 좀 그랬다. 처음 몇 달은 하루 종일 식당에 매달려 지냈는데, 거의 죽는 줄 알았다. 처음 해본 일에다 초기엔 개업 효과로 손님이 많아 너무나 고됐다. 게다가 하루 종일 그 작은 공간에서 수많은 사람들이 내뿜는 에너지를 받아 줘야 하는 게 쉽지 않았다. 그것을 적당히 즐거워해야 식당을 할 자격이 있다고 본다.

하지만 나에게는 요리군에겐 없는 장점도 있다. 내 자질 중에 추진력과 결정력, 그리고 늘 입체적으로 분석하려는 면이 좀 있다. 오랫동안 책을 만들어 왔기 때문에 뭔가를 끌어내는 힘과 그것을 책이란 물건으로 만들어 내기까지의 프로세스를 익혀 와서 그런 것 같다. 이렇게 각자 다른 특성이 합쳐져 〈2nd 키친〉이 만들어졌다. 자본을 모으고, 생활을 바꾸고, 식당을 꿈꾸고, 식당을 열고, 운영하기까지 말이다.

스타일의 시대, 식당의 콘셉트를 잡자

식당을 해야겠다는 생각은 막 결혼한 2007년경부터지만, 그때는 그저 막연했다. 누구나 그렇듯 오랫동안 직장생활을 영위할 줄 알았으니까. 그래도 '퇴직 후엔 치킨집 창업', 이런 어쩔 수 없는 창업 공식은 아니었기에 둘이서 함께 꾸준히 그림을 그려 왔다. 이것은 상징적인 표현이 아니다. 진짜로 맘에 드는 식당이 있으면 국내외 잡지를 보면서 스크랩해 놓았고, 스케치북에 그림을 그리며 놀았다. "주방은 이렇게 하고 싶어, 가게 문은 이랬으면 좋겠어" 하면서 말이다.

얼마 지나지 않아 두툼해진 스크랩북이 하나 완성되었다. 그리고 컴퓨터 파일에는 이런 메뉴를 하면 재미있겠다며 메뉴 목록도 만들어 보고, 식당 이름도 지어 보고 말이다.

그러니까 몇 년 동안 꾸준히 그런 이미지 트레이닝을 해왔단 뜻인데, 나는 일본 원서들을 많이 접한 편이라 좀 앞선 스타일의 일본 가게들, 요식업계 분위기 이런 것들을 조금은 접해 왔다. 그리고 그 가운데 우리가 좋아하는 스타일의 사진을 모아 왔는데, 돌이켜보면 세 번 오픈한 식당 구성에 골고루 적용되었다.

첫 번째 식당을 만들 때는 부분적으로 사람들을 써서 만들고 설비한 것이 많았고, 두 번째 식당에서는 대부분 요리군이 직접 실비하고 인테리어를 해서 정말 많이 배울 수 있었다. 그것들은 세 번째 식당을 오픈할 때 적당한 비용으로, 꼼꼼하게 마음에 드는 식당을 만드는 데 밑바탕이 되었다. 비용 절감 차원에서 시작된 일이지만 지나고 보니 식당을 만드는 과

5500만 원으로 작은 식당, 시작했습니다

PART 1. 식당 창업을 위한 준비

정 과정에 재미도 컸다. 안목과 경험이 차곡차곡 쌓였으니까….

그렇게 이미지 트레이닝한 시간들은 마음에 드는 점포를 만났을 때 진가를 발휘한다. 세 번째 식당인 동대문구청 옆 〈두번째 부엌〉을 만들 때는 정말이지 언급만 하면 바로바로 결정을 하는 방식으로 모든 것이 일사천리로 진행되었다.

점포 계약을 하고 나면 시간이 눈 깜짝할 사이에 흘러간다. 그리고 그 시간은 곧 '돈'이다. 버는 것만큼 절약하는 것도 중요하니 위와 같은 꾸준한 고민과 계획이 필요하다. 딱히 손재주가 없어 인테리어 전문가나 업체에 맡긴다고 할 때도 이미지 트레이닝과 스크랩 등의 정보 수집은 중요하다. 인테리어 업체에 맡겨서 시공할 때, 처음에 했던 이야기와 달라서 낭패를 겪는 사람들을 많이 봐 왔다. 심적인 부담뿐만 아니라 공사 기간은 길어지고 비용은 비용대로 계속 들어가면서, 자신이 원하는 모습의 식당이 나오지 않을 때 과연 오픈은 할 수 있을까 싶은 큰 걱정과 심리적 부담을 안게 되는 일들 말이다.

그러나 남의 식당들만 계속 들여다보고 머릿속에 그림을 그리는 일은 삼가야 한다. 그렇게 하다 보면 실제로 식당을 오픈했을 때, 남의 것을 그대로 카피한 '베낀 식당'이 되기 십상이다. 그러니 평소 자신의 감각을 닦고 스타일을 만들고, 취향을 높이는 것이 중요하지 않을까? 식당을 운영할 주체들의 취향을 일치시키고 그 방향을 하나로 잡았을 때, 식당은 운영자들만의 개성이 담긴 공간으로 탄생한다. 그리고 그 개성에 공감하는 이들이 하나둘 그곳을 찾아 줄 것이다.

〈2nd 키친〉의 스타일은 하루아침에 이루어진 것은 아니다. 요리군이 홍대 카페에서 잠시 경험을 쌓을 당시부터 '밥 파는 카페'를 하고 싶다는 생각을 막연히 했었다. 그것이 발전하여 '식당'이되, 카페풍 이미지가 좋겠다고 정리되었다. 우리 나름의 정체성이 생긴 것이다.

첫 식당을 연 지 10년 흐른 지금이야 이 정도의 준비는 대부분의 식당 창업자들에게는 기본이 되어 있는 듯하다. 스마트하기가 이루 말할 수 없는 식당들로 넘쳐나니 말이다. 첫 식당을 준비하던 때는 '카페'에 대한 관심이 크게 확산되기 시작할 무렵이었다. 지금은 '카페 스타일'에 머물지 않고 문화 전반에 빈티지나 시대적인 개성들이 다시 재현되는 복고풍까지 가세한 다양한 유행들이 공존하고 있다. 자신만의 개성 있는 식당을 만들면 그것을 잘 알아봐 주는 현명한 소비자들, 손님들을 만날 수 있는 때가 된 것 같다.

의류나 디자인 문구, 소품, 예쁜 그릇 등의 인터넷 쇼핑몰의 제품 사진들도 꾸준히 보면 꼭 잡지 화보를 들춰 보지 않아도 무엇이 유행하고 있는지 알게 된다. 물론 지금 유행하는 것만 그냥 따라하면 정작 식당을 열 즈음엔, 혹은 식당을 열고 조금 지나지 않아서 식상한 분위기의 식당이 될지도 모른다. 그러니 딱 반걸음만 앞서서 무엇이 유행하고 있는데, 그것을 어떻게 적용하면 좋을지 고민해 보는 것이 좋다. 그리고 그것이 지속적일 수 있는지, 한때 유행하고 마는 스타일은 아닌지도 고민해 봐야 한다.

다만, 트렌드만 좇다 보면 식당을 운영하는 주체들의 개성을 넣기 어렵다. 유행과 트렌드를 파악하는 것과 동시에 내가 원하는 것의 스타일을 명확히 한 다음, 나를 표현하면서도 흐름에 뒤떨어지지 않아 보이는 감각이 좋겠다. 아무래도 우리처럼 평범한 인간들은 유행에 끌려가는 수밖에 없어서 유행에 따라 많은 것을 구입하기 때문이다.

카페 분위기의 편한 밥집

그렇다면 우리가 의도했던 콘셉트의 식당에 '카페 분위기'를 연출하는 요소는 무엇이었을까? 아웃테리어와 인테리어 두 부분으로 나눠 생각해 볼때, 우리가 선호한 아웃테리어는 나무로 만들어진 정감어린 미닫이문 가게가 그런 느낌을 줄 수 있을 것이라고 생각했다. 마침 첫 식당 때 불행인지 다행인지 문이 없던 터라 돈은 좀 들었지만 그 바람을 이룰 수 있었다.

내부 인테리어 면에서 카페 분위기를 연출하는 가장 큰 요소는 테이블과 의자다. 첫 식당을 열 때 우리나라에서도 유행이 막 시작된 것이 바로 한 공간 안에 여러 디자인의 의자를 믹스해 넣는 것. 지금이야 흔해졌지만 말이다. 식당 안 의자는 전체 인테리어 이미지의 25%나 차지한다. 즉 이미지의 1/4이나 되니 큰 편이다. 공간을 채우는 테이블과 의자의 존재감으로도 그렇고, 사용성만 봐도 그렇다. 게다가 의자와 테이블은 식사 시 편리함과 안락함을 동시에 추구해야 하기 때문에 무척 신경 써야 할 부분이다.

자세한 것은 다음 챕터에서 다시 다루겠지만, 이렇게 두 가지 측면에서 기존 식당에서 채용하지 않는 카페용 테이블과 의자가 '카페풍 식당'을 만들어 주었다. 물론 멋진 카페를 만든 분들이 보면 이런 이야기들도 너무 기초적인 이야기일 수는 있겠다.

그런데 우리는 왜 '카페풍 식당'을 꿈꾸었을까? 각자 다른 일로 서른아홉 해를 살아온 우리 둘이 중년 이후의 삶을 위해 비록 작은 식당을 시작했다고 해도, 그 공간이 주는 의미가 남달랐기 때문이다. 카페가 유행해

우리는 왜 '카페풍 식당'을 꿈꾸었을까? 각자 다른 일로 서른아홉 해를 살아온 우리 둘

이 중년 이후의 삶을 위해 비록 작은 식당을 시작했다고 해도, 그 공간이 주는 의미가 남

달랐기 때문이다

공간이 주는 힘은 실로 크다. 그래서 점포를 구할 때도 모자라거나 결점이 있는 점포라

도 내 마음에 들어오는 식당, 내가 잘 품어 낼 수 있는 식당을 계약해야 하는 것이다.

그 어떤 기준으로도 설명할 수 없는 그것이 어쩌면 공간과(점포와)의 궁합일 수도 있다.

서가 아니라 우리들 자신이 머무는 즐거운 공간이어야 했기 때문이다. 단순히 생계를 이어주는 돈 버는 장소로 끝나지 않고, 매일 아침 식당 문을 열 때마다 즐거운 공간, 우리 둘을 표현해 주는 공간이기를 바랐다. 인생 후반전을 위한 창업이란 그 일 자체로도 고될 텐데 그렇지 않고서야 매일의 일을 즐겁게 해내긴 힘들었으리라.

공간이 주는 힘은 실로 크다. 그래서 점포를 구할 때도 모자라거나 결점이 있는 점포라도 내 마음에 들어오는 가게, 내가 잘 품어 낼 수 있는 가게를 계약해야 하는 것이다. 2009년 처음 식당을 열 때 허름하고 볼품없는 점포였지만, 요리군이 처음 봤을 때 단번에 마음에 들었다는 그 어떤 기준으로도 설명할 수 없는 그것이 어쩌면 공간과(점포와)의 궁합일 수도 있다. 그리고 그렇게 선택했으므로 또 다른 자신인 식당을 잘 표현할 수 있도록 노력해야 한다.

PART 2

작은 식당 만들기

마음에 드는 점포를 찾아 계약을 마치면 바로 인테리어와 설비에 들

어가야 한다. 인테리어부터가 오너가 해결해야 할 첫 번째 과제다.

그동안 준비한 콘셉트에 맞춰 나만의 개성이 묻어나는 작은 식당을

만들자. 드디어, 개업일! 자, 이제 손님 맞는다. 두근두근… 이날을 위

해 달려왔다!

CHAPTER 1

인테리어, 맛만큼 중요한 공간 만들기

나에게 딱 맞는 인테리어 업자를 찾자

평소 집 꾸미는 것을 좋아한다거나 직접 수리하는 것을 좋아하는 사람이라면 음식점처럼 점포를 얻어 창업하는 과정 또한 즐겁다. 요리군도 결혼 후 목공에 취미를 붙여 집에 필요한 소소한 가구 만들기를 좋아해서 그것을 식당 만들기에 적극 활용할 수 있었다. 장식적인 것뿐만 아니라 집 안의 전기 등을 비롯한 내부 수리 등에도 소질이 있는 사람이라면 음식점 창업 후 큰 도움이 된다.

용두동으로 식당을 옮기기 2년 전에는 시댁을 대대적으로 리모델링해서 합가(合家)를 하게 되었다. 이때 낡은 집을 수리하기 위해 3곳 정도의 업체에 견적을 받아 보면서 많은 것을 경험했다. 일부러 3곳 모두 서로 다른 특징의 업체와 상담을 하고 견적을 받았는데, 모두 선택되지 못했다. 그 후 전혀 다른 곳에 의뢰해 리모델링을 진행했다.

집을 수리하는 과정은 하드웨어적인 교체가 많아서 꽤 힘들었는데, 배운 것이 아주 많았다. 언젠가 또 식당을 옮기게 될 때를 위해 수리하면서 생기는 많은 문제점이나 모르는 것들을 하나하나 물어보고 익히며 진행했기 때문이다.

집수리처럼 용두동의 〈두번째 부엌〉 인테리어 과정도 비슷하게 진행했다. 연신내와 대조동의 식당과 다른 점은 전문 인테리어 업체에 맡겼다는 것이다. 연신내는 부분적으로 필요한 전문가들에게 요청하고 우리가 전체를 주도해 인테리어를 마쳤고, 대조동은 초라해 보일지라도 요리군 혼자서 대부분을 해결했다. 그리고 그 경험들은 큰 자산이 되었다.

아마도 대부분의 예비 창업자들이 전문 업체를 선정해 인테리어를 맡기는 방식을 선택하리라. 그래서 첫 책에서는 인테리어 편에 식당 이미지 잡는 법부터 설명했지만, 요즘이야 워낙 사람들 감각이 좋아져 인테리어 의뢰, 시공 및 진행에 초점을 맞춰서 설명한다.

우리의 경우, 인테리어를 할 때 가장 중요하게 생각하는 것이 비용이었다. 2000만 원의 예산으로 견적을 요청했고, 우리끼리는 넉넉히 2500만 원까지는 들 수 있겠다는 예상을 했다. 보통의 업자들이라면 이 정도

3번째로 연 용두동 동대문구청 옆 점포 전경

의 비용은 받아들이지 않을 수도 있다. 현재 인테리어 비는 중상급이 평당 100~120만 원으로 알려져 있다. 인테리어를 해본 사람들은 다 알다시피, 모든 인테리어는 처음 예상한 비용을 뛰어넘기 일쑤다. 비용을 책정할 때는 좀 수세적으로 계획하고 아껴 써도 끝내는 더 많은 비용을 지불하게 마련이라는 것을 잊지 말자.

용두동 새 점포를 구하고 계약을 마치자마자 식당 스타일을 우리끼리 그림으로 그려 봤다. 크게 주방과 홀의 공간 구획을 했고, 수납을 위해 가벽을 만들어 한쪽 면에 수납장을 설치해 사용하기로 했다. 그런 큰 틀을 그린 후, 인테리어 회사를 찾아봤다.

사실은 이전 식당을 운영하면서도 늘 새로운 식당을 물색했기 때문에 언제든 인테리어 회사를 바로 불러 의뢰할 수 있는 채비를 갖춰 놓았다. 평소 주변을 살펴보면 집을 싹 고쳤다든가 점포, 사무실을 고친 지인들을 쉽게 찾을 수 있다. 그런 사람들이 해주는 말을 절대 놓치지 말자. 또는 일부러 시간을 내서라도 인테리어를 한 경험을 들어 두면 큰 도움이 된다. 지인이 직접 경험한 인테리어 회사들의 장단점을 미리 파악할 수 있기 때문이다. 그래서 세 군데 정도의 업체를 늘 리스트업해 두었다. 모두 지인들이 소개해 준 곳이고, 각기 특장점이 있는 업체들이었다.

대조동에서 연 〈두번째 부엌〉이 2년차를 넘었을 때, 건물주가 옆 가게를 내보낸다고 알려 줘서 공간을 확장해서 개업할 뻔한 일이 있었다. 1년이 넘도록 월세가 밀려서 내보내고 좀 수리를 할 테니 며칠 양해해 달라는 연락이 와서 우리가 그 옆 점포를 얻고 싶다는 의사표시를 했던 것이다.

건물주는 1층 건물 전체를 보호하는 가벽을 세우고 보강하고 싶다며, 업체를 소개해 달라고 했다. 여기에 점포 확장 의사를 밝힌 우리에게 인테리어 업자를 선정해 진행하라고 해서 한 회사를 만났다. 결과적으로는 확장 개업이 무산되었고, 또 모르던 사이에 건물주가 바뀌어 그 식당을 접기에 이르렀다.

하지만 그때 만났던 인테리어 회사 아크라인의 최유식 대표는 훗날 용두동 식당의 인테리어에 참여하게 된다. 그는 홍보 전문가인 후배의 친지였다. 평소 수다 떨 때 이야기를 들은 적이 있었고, 그 회사만의 특장점을 기억에 담아 두었다. 다른 장점도 많았지만 내가 염두에 두었던 점은 저렴한 소재로도 원하는 스타일을 뽑아준다는 것. 만약 우리처럼 수세적으로 예산을 잡았거나 비용이 부족하다면 그에 맞춰 처리할 줄도 아는 인테리어 디자이너라는 것이었다. 그렇다면 비용 때문에 끌려다니지 않을 수 있겠다는 생각을 했다.

창업비 중 인테리어 비용 규모를 미리 잡아둔다

창업 비용 중 인테리어 비용으로 얼마를 쓸 것인지 책정해 두면 실제 점포 계약 후 인테리어 의뢰 시 진행이 빨라진다. 인테리어 비용이라는 게 아무리 공간이 적어도 무한대로 커질 수 있는 항목이기에 창업 규모에 맞는 금액을 잡아두는 게 중요하다. 용두동 〈두번째 부엌〉은 화장실 포함 24평이었고, 최종 비용이 앞에서 말한 대중적인 인테리어 비용라고 하는 평당 100만 원 선에도 부합한다.

우리는 첫 식당은 2000만 원 정도, 두 번째 식당은 직접 만든 것이 많아 500만 원, 세 번째 식당은 2500만 원의 인테리어 비용이 들었다. 예산이 많다면 평소 자신이 구현하고 싶은 '꿈의 식당'으로 멋지게 탄생시킬 수도 있겠지만, 그렇게 창업해서 빼앗긴(?) 사례를 많이 접했다. 적당한 금액의 나쁘지 않은 수준으로 인테리어와 설비를 마쳐야 이후 식당 운영과 유지에도 타격을 받지 않는다.

용두동 〈두번째 부엌〉의 인테리어는 머릿속에 있던 2곳 정도의 업체에 견적을 받아 볼 생각이었다. 그런데 두 곳 중 한 곳의 업체가 지인의 집수리 계약 시 보여 준 일관성 없는 태도를 보고, 그냥 아크라인이라는 회사 대표를 만나 담판을 지었다. 인테리어는 잘하려고 하면 끝이 없이 비용이 들어가는 탓에 예산을 중심으로 원하는 것을 제한할 줄 알아야 한다. 전체 스타일을 보고 대세에 큰 영향을 미치지 않는다면, 크게 욕심 부리지 않는 것이 좋다. 손님들이 불편하지 않은지, 일하는 사람들이 힘들지는 않은지 등의 큰 기준을 세워서 말이다.

집수리 때도 그랬지만, 정식으로 견적서를 멋지게 뽑아 주는 업체들도 있지만 현장 설비 위주로 하는 인테리어 업체들은 견적서를 안 뽑아 주기도 한다. 실제로 견적서를 뽑아 줬다고 해서 딱 그만큼의 비용만 든다는 의미도 아니다.

평소 인테리어 회사들의 리스트업을 위해 소개받거나 들었던 이야기 중 최악은 구기동의 단독주택 리모델링 건이다. 10억대 견적을 내고 공사하던 업체가 공사 도중 반 정도의 중도금을 받아 챙기고 도망간 사례다. 견적서를 받고 계약서까지 써 놓고도 막상 현장 공사 때는 딴소리를 하는 업자들도 부지기수다.

화이트칼라 출신이 책상머리 일을 하던 때 만나던 세계와는 좀 다르다고나 할까? 자신의 의사를 잘 이해하고 진행해 줄 사람을 찾는 것이 우선이다. 내 말을 잘 이해하고 수용해 줄지 옥석을 가려낼 수 있어야 한다.

세 번째 점포는 계단을 올라서면 문 없이 2층이 훤히 보이는 창고나 사무실 용도의 공간. 왼쪽 벽면에 배전함과 계량기가 그대로 노출되어 있었다. 이곳에 주방을 만들고 계단 벽과 2층 문을 만들어 식당으로 탈바꿈시켰다.

아크라인 대표를 만나 두 번 미팅을 하고 바로 견적을 받아 일주일 만에 인테리어 공사에 착수했다. 그 비결은 첫 미팅 때 우리가 원하는 것들을 소상히 적어 갔던 것. 용두동 〈두번째 부엌〉 인테리어에서 큰 뼈대는 주방과 주방 옆 창고 겸 방, 2층 문, 계단 벽 만들기였다. 그래서 함께 머리를 맞대고 우리가 원하는 공간별 레이아웃을 그림으로 그려 보였다. 첫 미팅이 끝날 무렵, 어렵게 비용에 대해 말문을 열었다. 2000만 원 내외로 예산을 잡고 있다고.

며칠 후, 대표는 전체 레이아웃을 스케치업이라는 프로그램으로 그림을 그리고 있다고 알려 왔다. 요리군이 하루라도 착수 날짜를 당기고 싶은 마음에 어느 정도 진척이 되었냐고 묻기에, 일주일도 채 안 되어 아크라인을 직접 찾아갔다. 마침 스케치업으로 세부사항을 다듬고 있던 중이었다. 덕분에 대표님과 대형 모니터 앞에 앉아서 많은 것을 바로바로 결정할 수 있었다.

홀에서 주방으로 들어가는 입구의 높이나 폭, 주방 작업대 높이, 혼밥 손님을 위한 홀 벽면 붙박이 테이블 높이, 가벽의 두께, 높이, 현관 앞 공간 넓이 등 세세한 것들을 그날 저녁 몇 시간 안에 다 다듬어서 컨펌을 하고 돌아왔다. 그리고 며칠 만에 견적서를 확인할 수 있었다.

직접 감독을 하면 시간과 비용을 줄일 수 있다

아크라인 대표는 우리의 입장과 생각, 그리고 자신의 스케줄 등을 고려해 합리적인 제안을 했다. 자신이 모든 과정을 다 총괄할 경우, 약 1000만 원의 비용이 더 들어가며 일정도 맞추기 쉽지 않다고 했다. 사실 이 인테리어 업체 대표는 공공 디자인 전문가라 이미 다른 일들을 수주해 놓은 상태였다. 일일이 쫓아다니며 처리해 주면 완성도는 높아지겠지만, 비용과 일정에 차질이 생길 수밖에 없는 상황이었다. 디자인과 설계만 해주고 빠지는 것은 어떻겠냐는 것이었다. 단, 후반 작업인 간판 디자인과 제작만 직접 참여하겠다고 했다. 그렇게 해서 받은 견적서가 2100만 원이었다.

별다른 계약서 없이 그 견적서를 기반으로 계약금 10%를 지불하고 며칠 후 공사에 들어갔다. 대신 전 과정의 감독은 요리군이 담당했다. 현장에서 일어나는 일들은 누군가 감독해서 의사 결정을 해줘야 할 일이 산더미 같기 때문이다. 그렇게 요리군이 매일 먼지와 톱밥 등을 마셔 가며 현장을 지켜 내 25일 만에 인테리어를 마쳤다. 그 사이 소소한 것들은 요리군과 내가 직접 해결했다. 여기서 전체 인테리어 비용은 다른 곳들과 비교하면 뼈대와 같은 것만 업체에 맡긴 꼴이다. 내부 장식과 채워 넣을 것들 즉, 홀 테이블과 의자, 주방 설비 등을 뺀 금액이다.

그래서 이즈음에 새 아파트에 들어간다며, 인테리어를 어떻게 해야 할지 고민 중이던 친한 선배에게도 같은 조언을 했다. 디자이너랑 시공 감독자가 늘 상주할 것 같지만, 그렇지도 않다며 자주 현장에 나가 보라고.

그래야 좋은 결과물이 나올 것이라며. 물론, 현장에 나갈 때는 양손 가득 간식과 음료 등을 잘 챙기도록.

이 방법은 집수리 때도 동일하게 적용했다. 매일 12시간 넘게 식당을 운영해야 하는 요리군과 다른 일을 하던 내가 집수리의 총감독을 자처할 순 없어서 시부모님에게 도움을 받았다. 꼼꼼하신 시아버님과 시어머님이 대부분의 낮 시간에 공사 현장에 상주하셨고, 한 단계별로 끝날 때마다 내가 확인하는 방식으로 했다. 집수리 때도 그렇지만 현장에서는 의외의 돌발 상황이 생기기 마련이다. 그것들을 처리할 때는 항상 비용이 수반되므로, 의뢰자인 우리가 바로바로 결정해 주면 시간을 절약해 일처리가 빠르고 전체 공사 기간도 늘어지지 않는다.

첫 식당 때는 요리군이 전체 설비를 감독하며 주도했고, 시아버님도 가끔씩 도와주셨다.

인테리어 취향, 자신의 감각을 확인하자

자신이 좋아하는 것, 애착을 갖고 있거나 동경하는 것, 이런 것들이 한데 어우러진 것을 '취향taste'이라고 한다면, 인테리어 디자인은 취향에 기반을 두고 만들어진다. 그리고 그 취향의 표현이 바로 '스타일style'이다.

첫 번째 식당의 이름을 고민할 때, 주변에 친한 디자이너 친구들에게 "어떤 스타일로 표현하고 싶어?"라는 질문을 받은 적이 몇 번 있었다. 그때마다 "내추럴 모던, 혹은 모던한 내추럴 분위기가 좋아"라고 대답했다. 자연미를 주는 '내추럴함'을 일단 선택했으되, 프로방스풍이나 컨트리풍의 자잘한 장식과 빈티지함은 지저분하고 관리하기 힘들 것 같아서 배제하는 의미로 '모던'이라고 설명한 것이다.

연신내에 첫 오픈했던 〈2nd 키친〉과 동대문구청 옆 〈두번째 부엌〉은 따뜻한 느낌과 사람의 손길을 표현하려고 나무를 많이 사용해 내추럴함이 드러났고, 공간이 좁으니 장식을 절제한 데서 모던함을 주었다. 대신 너무 차분하면 삭막할까봐 군데군데 생기를 주려고 몇 가지 컬러 소품들로 포인트를 주었다. 세 점포 모두 우리 손으로 꾸민 것들이라 전문가들이 본다면 부끄럽기 짝이 없지만.

인테리어 취향을 확인하려면 장식적인 것을 좋아하느냐 아니냐에 따라 심플simple과 데코deco로, 시대적 분위기는 어떤 것을 선호하느냐에 따라 전통적인 것을 좋아하는 트래디셔널traditional과 20세기 이후 디자인적 경향인 모던modern 4가지로 설명할 수 있다. 머릿속으로만 생각하지 말고 실제로 집을 꾸미거나 방을 장식해 보면, 내가 좋아하는 인테리어와 실제 내가 가진 감각이 어떻게 다른지도 깨닫게 된다.

이상적인 인테리어와 현실적인 인테리어에는 큰 차이가 있다. 또 내가 좋아하는 감각이지만 보편적이지 않으면 그것도 문제가 될 것이다. 요즘은 예쁜 카페, 식당, 점포들이 많으니 맘에 드는 것을 발견하면 꾸준히 사진을 찍어두는 것도 자신의 인테리어 감각을 높이고 정보를 쌓아두는 데 도움이 될 것이다.

자신의 인테리어 취향을 확인하려면 가구, 창문, 바닥, 문, 벽지 등의 인테리어를 이루는 주요 품목들의 사진을 거리나 카페 등에서 찍거나 잡지 같은 데서 오려서 각각 10장 이상씩 마음에 드는 대로 모아 둔다. 그렇게 파악된 인테리어 스타일은 앞으로 가구와 컬러, 소재를 선택할 수 있는 길잡이가 되어 준다. 또한 패브릭(천) 등의 소재, 소품 재료, 장식물 등을 선택하거나 구입할 때도 유용하다. 같은 경향이 아니면 튀게 된다. 그런 것들이 인테리어 분위기를 깨는 요소다.

음식점 인테리어는 잘 유지 관리할 수 있는 스타일로 선택해서 차츰 다듬어 가는 과정이 필요하다. 그렇지 않다면 실제로 자신이 구현하기 쉬운 스타일을 선택해 밀어붙이면 좀 수월할 것이다. 아니면, 큰 비용을 지불해 인테리어 전문가에게 모두 맡기는 수밖에…. 하지만 감각을 키우면 창업 비용을 절약할 수 있다.

실제 인테리어에 들어갔을 때 중요한 점은 구성 요소들이 따로 놀지 않도록 감각을 통일하는 것. 예를 들어 인도의 코끼리 장식물에 프렌치 컨트리풍 인형, 빅토리아풍 장식 액자가 나란히 있다고 상상해 보라. 별 것 아니라고 생각한 소품 하나가 전체 분위기를 깰 때는 아주 큰 작용을 한다. 완벽한 인테리어란 사실 불가능하겠지만 편하고 안락한 느낌을 주는 공간 인테리어는 하나의 취향, 하나의 스타일로 통일하는 데서 나온다.

패션 스타일이야 '믹스 앤 매치'가 유행한다고 해도, 큰 면적이자 공간이 주는 에너지(분위기)가 강한 '인테리어'에 있어서는 어설픈 믹스 앤 매치는 통하지 않는다. 그건 패션에서도 그렇지만 인테리어 전문가 중에서도 아주 고급의 센스를 가진 이들만 해낼 수 있는 창조적인 영역이기 때문이다.

우리 같은 일반인들에게 있어서 '깨는 인테리어'는 실제로는 취향이 정립되지 않은 운영자로 인해 야기된다. 그러니 평소 자신의 취향을 갈고 닦기를 권한다. 그리고 자신을 정확히 아는 것도 인테리어 콘셉트뿐만이 아니라 메뉴 선정에 있어서까지 기본이 된다는 것을 새삼 강조한다.

인테리어 취향을 꾸준히 다듬어 하나의 방향으로 모아졌다면, 현실적인 면에서 그 인테리어를 잘 유지할 수 있는지도 점검해야 한다. 예쁜 꽃자수가 살짝살짝 새겨져 있는 하얀 면보로 커튼과 방석 등 가게 여기저기에 사용해 정갈한 느낌을 주는 국수집을 보았다. 내가 퍽 좋아하는 분위기이긴 한데, 기름으로 요리하는 음식 메뉴가 많은 우리 식당에 장식한다면 어떨까? 손님이 많아질수록 기름때에 절고, 그것을 자주 빨고 다림질해서 내걸지 못하면 큰 스트레스를 받을 것 같다. 매일매일 흰 행주를 삶아 내는 것도 성가신 일인데, 홀 장식까지 매일 빨고 널고 해야 한다면…?!

고깃집에서 천 소재를 많이 쓰지 않는 이치와 같다. 꾸준히 관리하고 유지할 자신이 없다면 진짜 좋아하는 스타일에, 다른 이들에게도 인정받는 인테리어라고 해도 자신의 식당에는 맞지 않는 것이다.

이제 인테리어 방향 잡는 법을 익혔다면 인테리어를 이루는 구성 요소들을 하나하나 짚어 가며 〈두번째 부엌〉의 경우 어떻게 만들어졌는지 설명한다. 우리의 사례를 통해 자신만의 식당 이미지를 그리는 데 도움이 될 것이다.

공간에 색 입히기 – 베이스 컬러, 메인 컬러, 악센트 컬러

인테리어 컬러는 크게 베이스 컬러, 메인 컬러, 악센트 컬러 3가지로 구분한다. 베이스 컬러는 천장, 벽, 바닥재 등의 큰 면적을 차지하며 배경이 되는 것으로 비용도 많이 든다. 메인 컬러는 공간의 인테리어 분위기를 결정하는 주역인 컬러로, 전체 면적의 25% 내외. 의자, 테이블, 소파, 수납장 등의 색이다.

악센트 컬러가 전체적으로 점유하는 비율은 5% 내외지만, 인테리어 전체에 강약이나 리듬, 양념 구실을 하는 색이다. 주택에서 보면 쿠션, 커튼 등의 패브릭이나 조명기구, 소품 등의 색이다. 인테리어의 총 컬러는 4~5가지 이내로 한정해서 쓰는 것이 공간의 통일성과 차분함, 세련됨을 더해 주는 비결이라고 전문가들은 말한다.

〈두번째 부엌〉의 베이스 컬러는 3번 다 무난하면서도 가장 넓어 보이는 흰색을 택했다. 첫 번째 식당을 오픈할 당시인 2009년, 요리군의 옛 동창이 사장인 평창동의 한 인테리어 회사에 점포 문 제작과 벽 처리에 대해서 상담했더니, 그 비용만 1500만 원의 견적을 제시했다. 덕분에 인테리어 전문가에게 맡기는 것을 일찌감치 포기하는 결정적인 계기가 되었다. 게다가 이 인테리어 회사에 식당 벽을 흰색으로 페인팅하면 좋겠다는 의견을 냈더니, 너무 심하게 코웃음 치는 바람에 오기로라도 잘해 보자는 생각이 들었다. 그렇게 겁도 없이 우리만의 인테리어는 시작되었다.

우리끼리 해낸 첫 번째 점포의 천장 가림막 공사(위)와 세 번째 점포의 천장 가림막 공사(아래)

첫째, 두 번째 점포 모두 계약서에 도장을 찍자마자 가장 먼저 철거업체에 전화해, 전 운영자가 방치해 둔 지저분한 공간을 치웠다. 첫 번째 점포는 그 후 바로 주변 페인트 가게를 찾아가 도색을 의뢰했다. 흰색도 차가운 느낌의 색과 따뜻한 느낌의 색이 있는데, 식당에는 따뜻한 느낌을 줄 필요가 있다고 판단했다. 그래서 살짝 미색이 도는 흰색으로 의뢰해 바로 다음날 벽 사면의 페인팅 작업을 해치웠다.

페인트 컬러를 정할 때는 직접 페인트 통을 열어 보거나 컬러차트 등을 통해 눈으로 확인해 두어야 한다. 구두로 말하는 색 이름만으로는 전혀 다른 결과가 나올 수 있으니 반드시 주의하자! 페인트는 조색을 통해 컬러가 만들어지므로, 페인트 메이커별로 느낌이 다른 경우가 많다. 아주 특별한 페인트 색일 경우 비용도 올라가므로 적당한 선에서 선택하는 것이 좋다.

두 번째 점포는 요리군이 직접 페인트를 사다가 칠을 했다. 첫 번째 점포와 두 번째 점포 모두 이전 점포 주인이 가게 사면의 벽을 검은색으로 칠한 터라 칙칙하기 짝이 없었다. 우리가 흰색 페인팅을 택한 이유 몇 가지. 우선 이전의 무시무시한 검정색 벽면을 덮어 버리고 싶었고, 따로 벽지 등의 마감재 작업을 하지 않기 위해서였다. 그리고 청결감과 넓어 보이는 효과를 두루 주기 위한 선택이었다.

벽 다음은 식당 천장. 벽을 페인드로민 처리했기 때문에 천장도 따로 마감 작업을 하기가 뭣했다. 그래서 고민 끝에 비용도 절감하는 아이디어를 더해 멋지게 해결했다.

첫 번째와 세 번째 점포의 천장은 보이는 것보다 훨씬 높았다. 첫 번째 점포는 시원시원해 보여서 좋긴 하지만, 정작 손님들이 오면 음식점인데 천장에 H빔 철근이 고스란히 드러나 보여 난감할 것 같았다. 요즘에야 카페 인테리어에서 시작된 노출 벽면이나 천장이 흔해졌지만, 그때는 그 랬다.

첫 번째 식당에서 천장을 처리한 방법은 그대로 드러나 있는 H빔 철 근에도 일단 흰색 페인트를 칠하는 것이다. 그런 다음, H빔과 같은 폭의 나무판을 H빔을 가로지르게 덧대어 흰색을 칠해 준 다음, 그 사이사이를 천을 끊어다가 직접 마감했다.

세 번째 식당에서는 처음엔 노출 천장을 그대로 이용했다. 그러다가 2 층인 탓에 창을 열면 벽면을 타고 오르는 실외 소음이 엄청나게 커서(벽 지나 마감재는 그런 소음을 흡수하는 역할도 한다) 소리를 잡기 위해서 마찬가 지로 천을 사다 덧대는 작업을 직접 했다. 콘크리트 천장에 못을 박고 천 을 거는 일은 실제 해보면 무척이나 힘든 일인데, 덕분에 음악을 틀면 흡 음효과가 있어서 음향에 좋은 영향을 끼친다.

그리고 이런 천장과 벽면의 마감 작업은 인테리어 비용 중에서도 높은 항목이라 비용 절감에도 큰 도움이 되었다.

내추럴 스타일의 대명사, 나무색

세 개의 점포 모두 메인 컬러는 나무색이었다. 첫 번째 식당은 도색 없이 나무의 자연스런 색을 그대로 사용해 밝고 편안한 분위기를 만들었다. 세 번째 식당은 짙은 갈색의 나무색을 많이 썼다. 이전보다 공간이 좀 더 넓어졌고 흰색 메인 컬러가 많아서 조금 삭막해 보일까봐, 또 가구 오염도 덜 신경 쓰고 싶어서였다. 한편으로는 음식점에 꼭 필요한 식욕을 돋우는 붉은색을 쓰지 않았던 탓에 붉은색과 가까운 짙은 갈색을 선택했다.

메인 컬러인 이 나무색은 첫 번째 점포에서 식당 전면(세 쪽 미닫이 문, 창문, 문틀)과 의자, 테이블에 적용했다. 세 번째 점포의 짙은 갈색의 나무색은 테이블과 의자, 계단, 메뉴 사진 액자에 차용했다. 이 때문에 바닥이 넓어 보일 수 있도록 좀 밝은 나무색 바닥재로 깔았다. 의도대로 넓어 보이는 데는 성공했지만, 때가 잘 타서 좀 더 부지런히 바닥청소를 해야 하는 이유가 되었다.

나무색이 주는 단조로움은 생기를 주는 악센트 컬러 '올리브그린'으로 상쇄했다. 첫 번째 식당 때 리넨 천 컬러로 선택했던 올리브그린을 세 번째 식당까지 여기저기 지속적으로 사용한 것이다. 첫 번째 식당에서는 악센트 컬러인 올리브그린을 식당의 홀과 주방의 경계가 되어 주는 카운터 위쪽 천장에 내려뜨린 가림막에 썼다. 정사각형 실내(홀)를 가로지르는 올리브그린 색 천이 차지하는 비중이 꽤 커서 분위기에 큰 영향을 미쳤고, 앞서 천장을 덧댄 나무판 사이에 뻥 뚫린 사각 면 역시 이 천으로 막아 오히려 재치 있게 처리되었다.

이 두 가지 가림막은 당시 주변 가게 사장님들이나 동네에서 인테리어 가게를 운영하는 손님들도 식사하러 올 때마다 칭찬해 주었다. 이 경험을 살려 세 번째 점포에서도 2층 홀로 올라서는 계단 옆 왼쪽 벽면과 홀 한쪽 면의 창문 커튼, 식당 명함에 올리브그린을 악센트 컬러로 부활시켰다. 다만 페인트 회사에서 나오는 컬러에 맞추느라 아쉽게도 올리브그린이라기보다는 밝은 연두색이 되고 말았다.

악센트 컬러는 인테리어 컬러에 있어서 양념과 같은 역할을 한다. 첫 가게 때 올리브그린은 여성들이 좋아하는 세련된 컬러인데다가 보통 다른 식당, 밥집, 돈가스 집에서는 볼 수 없는 색감이라 특별한 느낌을 줄 수 있었다. 또 꽤 작은 공간이지만, 소품에 악센트 컬러를 몇 가지 더 써서 식당에 생기를 주는 포인트로 사용했다. 올리브그린과 가까운 계통인 짙은 녹색과 보색이 되는 빨강이 그 역할을 해 주었다.

베이스 컬러가 화이트이고 메인 컬러가 나무색이라고 했지만, 벽이나 나무 둘 다 사실은 식당의 배경처럼 쓰인 색이라 어쩌면 올리브그린이 메인 컬러이고, 녹색과 빨강이 악센트 컬러라고도 볼 수 있었다. 짙은 녹색은 첫 식당 때 가게 전면의 어닝(처마를 가리는 천막)과 홀 벽면에 초크페인트로 칠한 메뉴판에 썼고, 보색인 빨강은 메뉴판 위 벽에 건 팝적인 느낌의 철제 시계와 카운터 앞의 휴지통, 창 모퉁이에 놓인 레트로 스타일 TV에 적용했다. 초기에는 비비드한 빨간색 법랑 커피포트도 카운터 위에 올려놓으니 은근히 리듬과 생기가 더해졌다.

첫 점포의 홀 모습. 올리브그린을 악센트 컬러로 사용했다.

첫 점포에 이어 현재 점포의 홀과 계단 참에 적용된 올리브그린 컬러.

중성색 계통인 나무색이나 올리브그린 계열을 쓴 것은 부드럽고 자연스러운 느낌을 주기 위함이었다. 푸른색을 비롯한 한색 계통의 컬러를 쓰지 않은 이유는 음식 맛이 없어 보이기 때문이다. 하지만 붉은 계통의 난색 계열은 소품 외에는 넓은 면에는 사용하지 않았다.

붉은색 위주의 따뜻한 색은 음식을 맛있게 보이는 역할을 하지만, 튀어나와 보이는 팽창감 때문에 작은 규모의 점포를 더 좁아 보이게 만드는 단점이 있다. 그 때문에 큰 면적(내부 벽이나 가게 전면 등)에 사용하는 일은 피해야 한다. 음식 메뉴가 중국음식이라면 얘기가 다르겠지만….

공간 나누기와 조명 테크닉

점포를 구할 때, 빈 공간을 보면서 가장 먼저 머릿속으로 그려 보는 곳은 주방일 것이다. 주방과 홀로 크게 공간을 나눠서 생각한 다음 나머지 필요 공간을 계산한다. 이미 대략의 공간 구획이 나눠진 점포를 구했다면, 얼마만큼 효율적으로 사용할 수 있을까를 고민하게 된다. 우리의 경우, 흔하지는 않겠지만 세 번의 점포 모두 주방 카운터에 계산대가 나란한 구조로 설비를 했다.

주방 배식, 퇴식 카운터 바로 옆에 계산대가 있는 이유가 있다. 작은 식당에서 점원이 없을 경우, 혹은 오너 셰프가 홀 전체를 파악하고 계산까지 할 상황이 벌어졌을 때를 위한 것이다. 첫 번째와 세 번째 식당 모두 그렇게 카운터로 주방과 홀을 나누고 주방에서 나가는 문이나 열린 부분 바로 옆에 계산대를 배치했다. 작은 식당의 오너 셰프가 전체를 관장하기 쉬운 구조이기 때문이다.

조금 넓어진 세 번째 식당에서는 홀 나가는 문 앞에 계산대가 있을 것으로 생각하고 그쪽으로 가는 손님들이 좀 있었다. 하지만 조금 시간이 지나자 손님들도 점차 익숙해졌다. 물론 손님들이 직관적으로 움직이는 것처럼 홀 문과 계산대가 나란하면 더 좋겠지만, 그렇지 못하더라도 크게 문제가 되지는 않는다.

〈두번째 부엌〉의 카운터는 역할이 많다. 일단 음식이 나가는 배식구이자 퇴식구의 역할에 계산대 역할까지 하려면 적당한 높이와 너비를 지녀야 한다. 손님 입장에서 서서 계산할 때의 높이도 배려하고, 더 중요한 것은 주방에서 음식을 내갈 때도 불편함이 없는지를 염두에 두어야 한다.

세 번째 점포에서는 사무실 용도의 공간을 식당으로 꾸미다 보니 주방을 새로 만들어야 했다. 그러다 보니 홀 바닥보다 주방 바닥이 조금 높아져 주방 안에서 카운터 앞에 서면 홀을 좀 내려다보는 형태가 되었다. 반대로 손님 입장에서는 살짝 높은 느낌. 문제는 메뉴가 단출했을 때는 반오픈 주방으로도 운영에 큰 어려움이 없었지만, 지금처럼 한식에다가 음식 가짓수가 많아서 늘 재료 손질하고, 다듬고, 조리하고, 이와 동시에 엄청난 양의 설거지까지 해내려니 주방이 다 들여다보이는 문제가 있었다.

처음 오픈했을 때는 현재보다 더 개방된 구조였지만, 카운터 배식구 위쪽에 모자란 선반을 달고 선반에 잔뜩 쌓인 그릇들을 가리기 위해 리넨 커튼을 살짝 치자 주방작업이 조금은 가려져 일하기 수월해졌다. 음식물 쓰레기가 있거나 조리 시 찌꺼기 등이 많이 쌓이는 메뉴라면(튀김류가 그렇다), 완전히 개방된 주방에서 일하기에는 요리사의 부담이 크다. 오픈 주방을 표방하더라도 적당한 선이 좋을 것 같다. 주방과 면한 카운터에서 계산할 때 손님들이 무의식적으로 주방 구석구석을 살펴보기 때문이다.

한편 홀과 주방을 카운터로 나누거나 가벽처럼 설치를 하면 카페나 패스트푸드점 스타일의 분위기를 낼 수 있다. 오픈 주방에 많이 쓰는 스타일이라 젊은 분위기를 내서 젊은 층들이 좋아한다. 그렇지만 손님이 조리대 쪽을 불쑥 들여다보는 일이 많아 더욱더 청결에 힘써야 한다.

이 카운터를 기준으로 홀에 서빙할 때 어떻게 움직이게 될까를 시연하고 확인해 보면서 위치와 높이는 정하는 것이 좋다. 서빙을 비롯해 작업 동선은 오픈 후 식당 운영의 효율성 면에서도 그렇고, 작은 공간이라

반 오픈 주방에 배식구와 나란한 계산대를
만들었다.

고 해도 손님들 역시 직관적으로 행동하게 되므로 움직임이 자연스럽게 흐르도록 유도해야 한다. 안 그러면 손님이 많아졌을 때나 한꺼번에 몰릴 때, 아주 복잡한 상황이 연출된다.

사람들은 직관적으로 움직이고 행동한다. 그러므로 자연스러운 동선을 배려한 인테리어가 되어야 편안한 식당으로 여겨지는 것이다. 멋있어 보여 들어간 카페라도 앉자마자 왠지 모르게 불편할 때가 있다. 은근히 사람들의 시선이 와 닿는 위치의 테이블이라든가, 테이블과 의자의 높이가 서로 좀 안 맞는다거나 조명이 너무 뜨거울 정도로 머리 위에 내리꽂힐 때가 그렇다. 한 번에 보이지는 않지만, 그런 소소한 움직임에 대한 꼼꼼한 배려가 공간을 편한 곳으로도 불편한 곳으로도 만든다.

세 번째 식당을 인테리어 할 때는 우리 부부가 스케치한 그림을 디자이너에게 대략 설명했다. 그러자 스케치업 프로그램으로 공간 구획, 카운터 높이, 창가 테이블과 의자 높이, 나머지 홀 테이블과 의자 높이 등을 구현해 우리에게 보여 줬다. 이를 토대로 공사가 시작될 수 있었다. 점포를 구하러 다닐 때부터 늘 줄자를 가지고 다니거나 평소 식당, 카페 등의 테이블 높이와 크기, 의자 높이, 카운터 높이들을 알고 있으면 큰 도움이 된다.

조명과 전기 배선은 첫 번째, 두 번째 식당 때는 비용 절감을 위해서 요리군이 직접 설치했다. 식당에서 음식을 먹는 홀은 아주 환할 필요가 없다. 주방은 반대로 음식에 이물질이라도 들어가면 안 되므로, 아주 밝은 것이 좋다. 주방 안에서도 칼과 도마를 쓰는 조리대 쪽이 더 그렇다.

첫 식당을 인테리어 할 때는 이케아풍 전등갓이 막 뜰 때라 사고 싶었

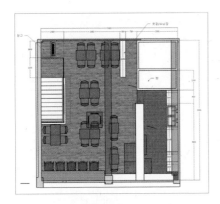

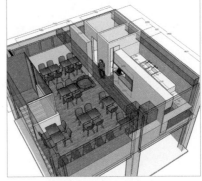

인테리어 디자인을 처음으로 의뢰해 나온 도면. 여러 각도에서 볼 수 있어서 좋았다.

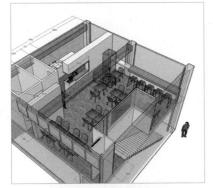

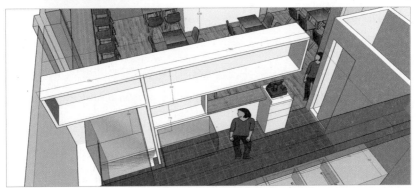

지만, 조명기기들이 의외로 비싼 편이라 용산의 전기조명 전문점을 찾아 비슷한 것으로 해결했다. 전등갓 안의 전구는 일반 전구보다 가격이 조금 높아도 전기를 적게 쓰는 효율성이 높은 제품을 늘 사용한다. 점포에는 전체적으로 써야 할 전력량이 정해져 있고, 앞으로 어떤 전자제품이 늘어날지 모르며, 운영 측면에서도 전기료 절약을 위한 것이라는 요리군의 설명.

홀 전등을 모두 우유빛으로 선택한 이유는 하얀색 전등은 차가운 색이라 음식이 맛없어 보일까봐 피했다. 그래서 손님들이 사진을 찍어서 인터넷이나 SNS에 올리는 음식과 식당 사진은 노란색 기운이 꽤 강하게 나온다. 그것이 음식점에서 찍은 요리 사진의 컬러가 잘 나오기 어려운 이유다. 안타깝지만 메뉴 사진을 크게 뽑아서 홍보용으로 액자에 넣어 두려 찍은 사진까지도 모두 노란 편이다.

그밖에 식당 입구나 어닝(처마) 아래 달린 조명도 중요하다. 이곳의 불빛은 어스름한 저녁, 손님들이 머리 위의 불빛을 따라 식당에 들어오기 때문이다. 그러니 식당 앞이 적당히 환해야 하는 것은 당연지사. 하지만 상가 처마에 달덩이처럼 커다란 둥근 조명이 부담스럽게 달려 있는 모습을 흔히 볼 수 있는데, 그건 너무 요란스러운 것 같다. 자연스러운 불빛이 정감이 있을 것 같아 첫 식당이나 지금까지 자잘한 조명들로 달아두는 편이다. 아무튼 가게는 전면에서 제대로 확인될 정도의 빛이 있어야 한다.

마지막으로 간판 조명. 간판이 요란하게 밝아야만 눈에 잘 띄는 것은 아니다. 첫 식당 〈2nd 키친〉의 간판은 꽤 작은 편이었다. 가게 전면facade에 나무를 바탕처럼 대고 그 위에 상자형 간판을 붙였는데, 바탕 부분이

전면 간판 외에도 측면에서 볼 수 있는 작은 옆 간판과 2층 창 안쪽에 네온사인을 달았다.

어두워서 작은 간판이지만 오히려 명시성은 더 높았다. 빛이 밝거나 면적이 넓다고 명시성이 좋은 것은 아니기 때문. 밤길을 걸으며 눈에 잘 띄는 가게 간판들의 원리를 잘 살펴보면 알 수 있다.

현재의 점포는 검은 색조로 리모델링한 세련된 건물에 있다. 창문이나 외벽 등에 간판 외의 다른 장식하는 것을 건물주가 원치 않아 간판 한 개만을 크게 달기로 했다. 법적으로도 간판 1개만을 달든가, 유리창에 시트로 간판 역할을 하는 글씨를 붙이든가 둘 중 한 가지만 선택할 수 있다. 동대문구청과 구의회 옆 건물인 탓에 불법 광고물은 생각할 수도 없다.

실제로 1개 이상의 광고물들이 부착되어 있는 것은 모두 불법이라고 한다. 지역마다 일일이 구청 등에서 적발하러 다니지 않은 덕분이지, 걸리면 모두 법에 저촉되는 것이라고. 지역별로 규제도 차이가 있을 것이므로, 확인해 두는 것이 좋다.

눈길이 머무는 아웃테리어와 간판

사전적 의미로 실내 장식을 인테리어라고 하는 반면, 건물 외부의 장식 및 공간을 아웃테리어 혹은 익스테리어exterior라고 한다. 한때 요리군이 고급 중식당 총 주방장으로 일할 때 아웃테리어가 음식 맛을 형편없게 느끼도록 방치되어 있었다는 이야기를 한 적이 있다. 그만큼 아웃테리어가 차지하는 비중이 높다는 의미이기도 하다.

예전에 직장을 다닐 때는 일이나 여행으로 일본에 자주 다녔는데, 그때마다 눈길이 머물었던 도쿄의 아웃테리어들이 좋았다. 일본의 가게 간판은 우리나라처럼 크지도 화려하지도 않은데, 눈에 잘 들어오고 발길을 멈추게 만드는 힘이 있다. 간판 하나로만 그런 게 아니라 바로 이 '아웃테리어' 덕분인 것 같다. 가령 주얼리 가게라면 입간판을 주얼리를 연상하도록 곡선으로 유려하게 만들었고, 내추럴한 카페들은 가게 전면에 소소한 유럽풍 화분들을 놓아두는 식으로 말이다. 그게 예뻐서 관광지도 아닌데 도심 한가운데서 발길을 멈추고 디카를 눌러댄 적 많았다. 요즘은 우리나라 카페 입구에서도 많이 볼 수 있는 풍경이 되었지만.

연신내에 있던 첫 번째 식당 〈2nd 키친〉은 아웃테리어 효과를 톡톡히 봤다. 강남이나 삼청동, 홍대 등지의 소위 핫한 동네와 비교하면 부끄럽지만, 당시 그 동네에서는 없었던 분위기라 사람들의 시선을 끄는 데 한몫했다. 늘어진 처마나 그 아래 나 있는 들창과 창문 아래 벤치, 그리고 가까운 슈퍼마켓에라도 갈 때 쓰던 작은 자전거가 놓여 있는 정경이 예쁜 느낌을 주었던 것 같다. 식당 초창기에 월간지 「여성 조선」이 취재해

간 적이 있어 사진이 크게 실렸었는데, 한참 후 아웃테리어를 완전히 똑같이 베낀 국수집을 다른 잡지에서 봤다.

인테리어를 하고 남은 나무로 손수 만든 입간판과 어설프지만 손맛 나는 벤치 등도 따뜻한 느낌을 주었다. 여기에 드르륵 소리를 내며 열리는 미닫이문이 정감 어린 식당으로 인상 지어 줬다. 처음에는 식당 문 유리를 투명하게 그대로 놔두었지만, 안이 너무 잘 보여서 손님들도 조금 불편할 것 같아 반쯤 가리기로 했다. 반투명 시트를 사다가 세 쪽짜리 문의 두 쪽을 가렸다. 여기에는 식당 음식 가격을 잘 알 수 있도록 손 글씨로 그때그때 메뉴와 가격을 적어 두었다.

첫 점포의 어닝 달기 작업. 뼈대는 가늘고 튼튼한 것이 좋다. 처음에는 천막 천이 매끈했는데, 작업하신 분이 야무지게 마무리하지 않았는지, 비나 눈이 온 후면 차츰 늘어지기 시작했다. 어닝 아래 처마 밑에 작은 조명을 달아 식당을 밝혔다.

NC백화점 후문의 두 번째 식당은 건물 전면부에 이전 식당처럼 나무를 대었다. 어설프지만 요리군이 모두 직접 했다. 골목이 너무 후줄근해서 밝아 보이는 인디고블루 페인트를 칠했다. 남은 나무들로 또 입간판을 만들었다. 식당 이름을 이때 〈두번째 부엌〉이라고 한글명으로 바꾼 탓에 집 모양을 연상시키는 입간판을 세우기로 했다. 입간판을 만들 때는 우천 시에도 끄덕 않을 정도로 단단하게 만들어야 하며, 하단에 무거운 것을 넣어 태풍과 같은 바람에도 날아가지 않도록 신경 써야 한다.

세 번째 식당인 동대문구청 옆 〈두번째 부엌〉에서는 건물 한쪽 구석에 2층으로 나 있는 입구와 계단이 파사드 역할의 전부라 뭔가 장식하거나 연출하기가 어려웠다. 구청 옆인 관계로 이것저것 광고물을 덕지덕지 붙이기도 난감했다. 바로 옆 동대문구의회 건물 앞에 매일 불법광고물 단속 차량이 주차해 있으니까.

일단 세련되긴 하지만 검은색이 주조색인 건물 느낌과 반대로 아주 큰 흰색 LED 간판을 달고 식당명으로 만든 네온사인을 2층 창 안쪽에서 쏴 줬다. 그래도 건물 크기에 비해 작아 보이는 탓에 네온사인 하단에는 전자시계로 반짝이는 빛을 주어 어두워지면 시선을 모으게 했다.

이후 LED 전광판을 추가로 사서 달았다. 건물 창유리가 워낙 두꺼워서 낮에는 잘 보이지 않지만, 흐린 날이나 오후부터라도 식당 메뉴가 움직이는 글씨로 지나가도록 했다. 이런 것들은 다른 식당들, 그중 우리와 입지나 건물 형태가 비슷한 식당들이 어떤 방법으로 홍보나 아웃테리어를 하는가를 잘 관찰해 두면 답이 나온다. 식당이 2층이라 "여기에 음식점이 있다"는 것을 일단 강조해야 한다.

겨울을 대비한 방법도 놓치지 않았다. 날씨가 추워지면 1층 입구 문을 닫게 될 것을 상정해 좀 덕지덕지한 느낌이 들긴 하지만, "어, 여기 밥집이 있네?"라고 슬쩍이라도 인지할 수 있도록 음식 사진을 찍어 꽤 큰 크기로 코팅해서 붙였다. 대행사에 맡기면 비용과 시간이 더 들 것 같아서 모두 손수 해결했다.

첫 점포부터 지금까지 요리군이 식당 앞 입간판을 직접 제작해 내놓았다. 전면 간판은 그때그때 상황에 맞춰 내용을 조금씩 바꿨다.

홍보용 게시판 역할을 하는 벽면 장식과 1층 입구 옆에 붙인 각종 안내문들.

1층에서 2층까지 올라오는 계단은 조금 심심해 보여서 입구 오른편에 초크페인트를 칠해 블랙보드를 만든 다음, 그때그때 새로 나온 메뉴나 안내문들을 써 붙이는 곳으로 활용하고 있다. 2층 문 오른편 벽면에는 명절이나 크리스마스, 새해 등에 장식물을 붙인다.

식당 입구에 공간적 여유가 있다면 첫 번째 식당에서처럼 볕 좋은 봄날이면 아기자기한 색색의 화분을 내놓기도 하고, 골목길 식당 앞 주차를 막기 위한 방책으로도 좋은 큰 화분을 놓으면 효과적이다. 하지만 그렇지 못한 상황이라면 작은 아이디어들이라도 꾸준히 내서 식당 앞을 장식하는 것이 좋다. 대부분의 식당들도 점포 앞을 신경 쓴다. 반짝이 조명이나 달덩이처럼 커다란 조명을 다는 것도 같은 이유에서다. 그렇지만 식당 안 인테리어와 일관성 있게 편안하고 따뜻한 느낌을 주는 것들로 아이템을 선정하는 것이 좋다. 꾸준히 이런저런 안내문이나 광고물을 붙이는 것도 좋고.

마지막으로 간판 디자인은 최대한 심플한 것이 좋지 않을까? 요즘 추세가 그렇기 때문이다. 간판이 단순하려면 서체font가 중요하다. 폰트 디자인이 좋으면 간판 자체에 다른 것을 넣지 않아도 식당 이름만으로도 충분하다. 부족하면 우리처럼 식당 이름 하단에 팔고 있는 주요 메뉴를 적어 넣는 것도 좋다. 첫 번째 식당 때는 〈2nd 키친 ; 당신의 두번째 부엌〉 이렇게 두 줄로 식당 이름과 전달하고 싶은 느낌, 의미를 간판화 했다.

글씨로만 디자인을 하는 것을 타이포그라피라고 하는데, 워낙에 캘리그라피(붓글씨)가 유행하는 요즘이라 사람들의 감각이 무척 높아졌다. 가능하면 세련된 서체를 쓰도록!

CHAPTER 2

설비하기, 일하기 편해야 매상도 는다

건물에 맞춘 적당한 인테리어가 최고

〈2nd 키친〉이라는 이름으로 처음 연신내에 열었던 점포는 최초에는 주차장이었던 곳이다. 문이나 주방조차 변변히 없던 주차장 공간을 전 주인이 포장마차로 만들어 허름한 회색 천막이 문 역할을 하고 있었다. 장사도 제대로 안 되는데다 주인까지 교통사고를 입어 귀신이 나올 것처럼 방치되어 있었다.

〈두번째 부엌〉 이름으로 두 번째 열었던 불광역 NC백화점 후문 쪽 점포도 무엇을 하든 망하던 점포였다. 전 주인이 곱창과 꼬치구이를 팔았던 터라 커다란 연통만 시커멓게 눈에 띄었다. 요리군은 이런 곳의 값싼 임대료에 주목해 계약을 했다. 세 번째인 현재의 용두동 식당은 건물 외관이 수려하고 점포도 좋지만, 2층 입구가 건물 크기에 비해 작아 눈에 잘 안 띄는 약점이 있었다.

이처럼 점포마다 이런저런 약점이 있기 마련이다. 약점이 있는 점포를 어떻게 인테리어로 탈바꿈할 수 있는지 우리의 경험을 바탕으로 살펴보자. 첫 번째 식당과 두 번째 식당의 인테리어 시 공통점은 과대포장하지 않았다는 점이다. 임대료에 비해 과도한 투자를 하지 말자는 것이 우리의 생각이었다. 투자할 돈도 넉넉지 않거니와 그 비용을 다시 회수할 가능성이 없어 보이는 점포에 인테리어 욕심을 부리는 것이 얼마나 어리석은 일인지 알기 때문이다.

첫 번째 식당 연신내 〈2nd 키친〉은 우리도 젊었던 때라 발품을 많이 팔고 발랄한 분위기로 인테리어를 했다. 지금 보면 별 것 아니어도 당시

불광역 근처 NC백화점 뒤쪽으로 옮겼던 〈두번째 부엌〉. 요리군이 직접 인테리어를 했다.

연신내엔 변변한 카페 하나 없을 때라 밥집인 주제에 동네카페로 많이
오해받았다. 그 점포에는 전면부가 천막으로 되어 있어 문을 만들어 달아
야 했는데, 홍제동 유진상가 근처 목공소 거리로 찾아가 그림을 그려가며
주문해, 예쁜 창과 미닫이문을 통으로 만들어 달았다. 그곳을 나올 때는
딱 투자한 만큼의 설비에 대한 권리금을 챙겼다.

　NC백화점 후문에 있던 두 번째 점포는 건물 자체도 좀 허름하고, 골목
모양새도 너무 볼품없어서 이예 돈을 들이지 않기로 했다. 게다가 좀 초
라해 보여도 요리군이 한번쯤 인테리어를 직접 해보고 싶다고 해서, 간판
빼고는 대부분 손수 해결했다. 간판 디자인마저 내가 그림을 그려 보여
주며 기존에 있던 간판 틀에 내용만 바꾼 간단한 스타일로 제작했다.

어쩌면 그때, 맛만으로 승부하고 싶다는 오기가 발동했을지도 모른다. 그곳에서는 그다지 성공은 못 했지만, 요리군의 요리 실력을 꾸준히 닦는 데 도움이 되었다. 적당한 임대료 덕분에 큰 수익은 없어도 막 태어난 아이를 포함한 세 식구가 먹고 살만 했으니 그 몫을 다했다고 본다. 단, 너무 들쭉날쭉한 매상과 점포 앞 차들로 복잡한 골목 사정으로 요리군이 마음고생을 심하게 했다.

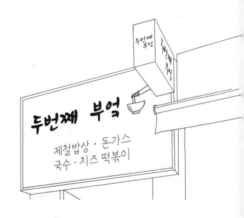

1년 안에 회수 가능한 규모의 설비를 한다

여기서 건물 외양에 적당히 맞추고 과도한 인테리어를 지양하라는 뜻은 그로 인해 많은 자영업자들이 권리금 하나 없이 거리로 내쫓기는 원인이 되기도 하기 때문이다. 특히 뜨는 동네에서는 식당뿐만 아니라 수많은 자영업자들이 당하는 흔한 일이며, 이로 인해 많은 자영업자들이 비극으로 내몰리고 있다.

　새 점포를 열고 인테리어와 설비 투자금을 회수하기도 전에 건물주가 바뀌는 일은 뜨는 상권에서는 비일비재하다. 서른일곱 살, 요리군과 결혼할 즈음 아는 번역가 선생님 앞에서 "홍대에 작은 식당 하나 함께 여는 게 꿈이에요."라는 철없는 소리를 했던 나도 요리군을 만나 세상을 보는 눈이 많이 바뀌었다. 오너 셰프의 입장에서 그런 곳의 점포는 자살골로 여기는 요리군. 물론 업종에 따라서 번화가나 인기 있는 상권에서 승부를 봐야 하는 점포도 있을 것이다.

　작은 식당으로 시작하려는 사람이라면 서울 안에서도(또는 자신의 근거지) 아직까지도 발전이 느린 곳이랄까, 소위 덜 뜬(?) 곳이 유리하다. 사람들의 입맛이나 감각은 점점 더 상향 평준화되어 가고 있어서 근사하게 시작해야 할 것 같지만, 그럴수록 리스크는 더 커진다는 사실을 알아야 한다. 아직도 지역 물가가 싸거나 임대료 변동이 크지 않은 곳도 있다. 발품을 열심히 팔아 적당한 임대료에 가능성 있는 점포를 찾아냈다면, '1년 안'에 투자금을 회수할 수 있는 규모의 설비와 인테리어를 해야 한다.

　자신의 감각을 믿을 수 있고 재주가 있어 손수 할 수 있다면 최대한 해

보는 것도 좋다. 어차피 식당이란 음식을 조리하는 일만이 다가 아니다. 전기나 수도설비를 운용하고, 수리도 하고 필요한 기기나 용품은 만들 필요성까지 있으니까. 평생 요리를 해야 한다거나 음식점을 계속할 것으로 예상된다면 다양한 손재주를 키우는 것도 좋다.

첫 식당 주방 카운터와 바닥 공사 모습

주방에 필요한 각종 설비들

주방 설비의 대표적인 것들을 살펴보면 가스레인지와 냉장고, 싱크대와 수도가 있다. 가스레인지는 허리 높이의 작업대로 된 것도 있고, 국물을 많이 만들어야 한다면 깊은 국물통을 올려놓을 바닥 높이의 가스레인지도 있다. 창업 시 메뉴에 따라 선택해야 할 텐데, 우리는 처음 계획이 약간 수정되어 안 쓰는 화구가 하나 있다.

주방의 설비도 평소 자주 그림을 그려 보고, 전문 시장에 나가 확인도 하면서 점포 계약을 하자마자 주문할 수 있도록 갖춰 놓자. 물론 주방 전문가들이 구매할 때 잘 조언해 주기도 하지만, 광고나 주문 시처럼 그렇게 친절하지 않은 경험을 많이 했다. 막상 설치일이 되면 늑장 부리기 일쑤이고 알아서 딱딱 해주는 일이 드물다. 자주 챙기고 과하다 싶게 확인하는 것이 유리하다.

① 냉장고, 냉동고

저장고의 대표적인 것은 냉장고다. 우리는 도마와 칼질을 하기 위한 작업대형 냉장고를 2대 쓰고 있다. 한 대는 오너 셰프의 요리용, 다른 한 대는 만들어진 요리를 내놓기 위해서 마지막 점검을 하는(또는 토핑이나 고명을 얹어 내기 위한 작업) 용도로 나란히 배치해 내가 쓰고 있다.

냉장고는 주방뿐만 아니라 홀에도 필요하다. 지금의 식당인 용두동 〈두번째 부엌〉에서는 홀에 음료용 냉장고 1대로 시작했다. 그러나 중간에 메뉴가 바뀌자 저장해야 할 재료 목록이 늘어나 홀에 음료용 중고 냉장고 1대를 추가했고, 반찬을 잠깐씩 넣어둘 일반 냉장고도 하나 더 사야만 했다. 처음엔 얼음이 필요한 메뉴가 없었지만, 날이 더워지면서 얼음도 필요해졌다. 그래서 작은 가정용 냉장고를 추가로 구입해 홀 한쪽에 들여놨다. 즉, 홀에만 냉장고가 3대나 있다.

주방에는 작업대형 냉장고 2대와 입식 냉장고 1대만으로 시작했다. 그러나 돈가스 메뉴를 추가하는 바람에 육류 저장 공간이 부족해져 가스레인지 앞 좁은 공간에 들어갈 작은 냉동고를 추가 구매했다. 이렇게 총 7대의 다양한 냉장고를 쓰고 있다. 그럼에도 메뉴가 많아서 늘 이리저리 정리하고 배치하느라 요리군의 노고가 이만저만이 아니다.

② 가스레인지, 가스 개통, 온수기 설치

주방의 모든 설비는 한 업체에서 구매, 설치해 줬지만 가스를 개통하고 연결하는 일은 그 지역의 가스 설치업체에 문의해야 한다. 도시가스가 들어와 있지 않은 곳이라면 그 비용이 따로 든다. 지역 가스공사에서 비용과 서류를 제출해 개통을 해야 가스 설치업체 사람들이 와서 사용할 수 있게 만들어 준다. 개업일을 잘 고려해서 주방의 설비들을 완벽하게 사용할 수 있게 해놔야 일정에 차질이 안 생긴다.

가스를 설치할 때 온수가 안 나오는 점포라면 따로 온수기를 설치해야 할 상황도 있다. 우리는 세 점포 모두 그랬다. 첫 번째 가게 때는 도시가스도 들어오지 않았고 새로 개통하자니 가스관 추가 설비비용이 엄청나서 그냥 LPG 가스통을 사다 썼다. 식당 규모가 작은 곳이라면 어쩔 수 없이 그런 선택을 할 수도 있다.

③ 싱크대와 수도, 식기 세척기, 퇴식대, 정수기

싱크대를 얘기하자면 이번 식당에서도 아쉬운 점이 좀 있다. 첫 번째 식당도 주방이 적어서 상대적으로 작은 싱크대 개수대를 제작해 썼는데, 무척이나 불편했다. 여기서 정말 신경 써야 할 것이 퇴식한 쟁반과 그릇들을 쌓아둘 장소를 확보해야 하는 점이다. 그런 공간이 충분하다면 작은 싱크대로도 어찌어찌 많은 손님을 감당할 수 있을 것이다.

용두동 〈두번째 부엌〉도 퇴식 후 그릇 둘 곳이 조금 있었는데도 회전율이 높아져 손님이 밀리면 감당하기 벅차서 요리군이 10칸짜리 퇴식대를 따로 만들었다. 손님이 많아지니 이곳의 저장량도 좀 벅차지만 꽤 도움이 된다.

식판 이동 카트와 홀 준비대도 제작했다.

유용하게 쓰고 있는 주방 앞 퇴식대.
요리군이 직접 만들었다.

　세 번째 식당에서는 식기 세척기를 설치했다. 식기 세척기 가격이 좀 되더라도 사람 하나 몫을 해내므로, 규모가 작은 식당이라도 고려해 볼 만하다. 식기 세척기를 중심으로 싱크대의 개수대와 퇴식대 자리 등을 순서대로 잘 짜야 한다. 현 주방에 수도가 2개인데 3개쯤 있어도 좋았을 것 같다. 싱크대 수도꼭지 1개에 코브라형 수전을 달아 양쪽 개수대에서 쓰는데, 손님이 많을 때면 수전 1개가 또 아쉽다.

　다른 한 개의 수전은 싱크대 하단 안쪽에 숨어 있다. 주방 바닥을 청소하거나 대량의 물을 급수할 때 쓰는 것이다. 또 다른 수도관은 주방 바깥으로 연결해서 뺐다. 냉장고 옆 홀 서빙을 위한 수전처럼 생겼지만, 온 더

싱크형 정수기다. 공간에 여유가 있다면 이곳에 손을 씻을 만한 작은 세면대(혹은 개수대)를 만들어도 좋을 텐데, 냉장고를 추가하다 보니 그렇게 하지 못했다. 홀을 담당하는 사람도 뭔가 씻을 일이 종종 생기므로 공간적 여유가 있다면 배치하는 것이 좋다. 행주 등을 급하게 빨려고 할 때도 주방에 들어오거나 화장실로 가는 것보다는 나으니까.

　정수기는 첫 번째, 두 번째 식당을 거치면서 관리해 주는 업체가 골치를 썩여서 요리군이 스스로 정수기를 뜯어 보고 조립, 운영하는 법을 터득했다. 정수기 원리라는 것이 의외로 간단해서 시판되는 렌탈 정수기들이 얼마나 떼돈을 버는지 깨달았을 정도다. 그 후 집에도 온 더 싱크형 정수기를 요리군이 직접 달았고, 세 번째 점포를 설비하면서 이렇게 바깥쪽에 수전형으로 생긴 정수기를 달기에 이르렀다.

싱크대가 하는 일이 크게 설거지와 재료 손질 및 급수로 구분되므로, 중국 음식점 주방처럼 조리용 가스레인지 가까운 곳에도 수도가 한 개쯤 있는 것이 꽤 효율적이라고 생각한다. 다음에는 그렇게 설비하고 싶다.

④ 환기구, 후드 배관

주방 후드(환기구)는 우리처럼 튀기거나 굽는 조리를 많이 하면, 너무나도 중요한 설비다. 후드 설비 중 발생할 만한 문제점들을 꼽아 보면 첫 번째로 배관을 어디로 뺄 것인가다. 후드 배관을 길게 빼서 건물의 외부 어느 곳으로 빼내야 내부에도 좋고, 외부에서도 문제가 생기지 않을지 판단해야 한다.

지금 식당의 경우, 주방을 가로질러서 화장실을 지나 건물 배후로 빼서 설치했다. 그런데 후드 관을 밖으로 뺀 다음 배관 끄트머리를 건물 아래쪽으로 향하게 꺾어 두어 문제가 생겼다. 오픈 전날, 지하에 있는 봉제 회사의 창문으로 음식 냄새가 들어가 원단에 배어 곤란해졌다며 사장님이 뛰어 올라오는 일이 있었다.

후드 배관을 빠져나온 냄새가 적당히 소진될 방향을 잘 잡아 연통을 만들어야 문제가 없다. 대조동 점포에서는 연통을 식당 전면부로 뺀 다음 연통을 더 이어서 옥상 위까지 길게 뽑아내고 끄트머리를 설치했다. 하지만 이전 점주가 만들어 놓았던 것을 그냥 쓰다가 연통 중간이 막혔는지, 찌그러져서인지 연기와 냄새가 빠지지 않아 영업을 하기 힘들었던 사고가 한 번 있었다.

　건물 전면부로 끄트머리를 뺐을 때의 단점은 우리 동네에 새로 생긴 곱창집에서 목격했다. 곱창집 바로 앞이 버스 정거장이고 나도 그 앞을 차로 지나야 귀가할 수 있는데, 구이 요리인 곱창구이 냄새가 골목을 진동했다. 정말이지 그 냄새 싫어 돌아가고 싶을 정도였다. 전면부로 빼더라도 다시 건물 위쪽 옥상까지 연결해서 사람들에게 불편하게 만드는 문제가 생기지 않도록 신경 써서 처리해야 한다.

　2009년 창업 준비 시 마음에 들었던 점포의 계약이 무산되었던 것도 사실은 음식 냄새와 관련이 있다. 은평구청 앞이라 점포의 위치도 좋고 마음에 들어 계약하러 갔던 날, 건물 옥상에 산다는 건물주 어머니가 음식 냄새 올라오는 게 싫다고 계약을 깼다. 우리 동네 곱창집도 오픈 시 번성하다가 연통 문제로 쉬며 잠시 개보수작업을 하는 것을 봤다. 아마도 냄새 때문에 민원에 시달렸을 것으로 짐작된다.

막상 점포를 열고 운영을 시작하면 이런저런 문제들이 발생한다. 우리 식당의 경우, 가로로 긴 형태의 주방 구조 상 후드 연통도 길게 천장을 따라 머리 위로 지나가는데, 그 소음이 정말 엄청나다. 그 연통 아래 역시나 소음이 심한 식기 세척기가 돌 때면 더하다. 홀에서 배식구 쪽으로 주문할 때 메뉴가 헷갈릴 정도다. 천장에 매달려 있는데다가 중간에 환기팬이 작업자들이 서 있는 곳에 가까워서 더 그렇다. 팬 근처 연결 부위만 스틸이 아닌 종이 재질로 다시 연결해서 조금 나아졌지만 여전히 큰 소음을 배경으로 일하는 아쉬움이 있다. 후드의 연통을 가능하면 짧게 내서 바로 건물 밖으로 빼낼 수 있다면 이상적일 것이다.

⑤ 하수구와 주방 바닥

이번에 인테리어 설비업자들이 점포를 많이 해본 분들이시라 크게 신경 안 써서 낭패를 본 문제가 주방 바닥이다. 정확히는 타일이 미끄러운 문제. 요리나 설거지를 하다 보면 물도 흐르고 기름이나 채소 등 재료의 자투리도 떨어져서 점점 더 미끄러워지기 일쑤인 주방 바닥은 정말 신경을 많이 써야 한다. 당연히 안 미끄러운 타일일 것이라고 생각했는데, 쓰면 쓸수록 미끄러워져서 계속 신발을 바꿔 줘야만 했다. 안 미끄러지는 신발로 버티다가 그래도 해결이 안 되어 1년 만에 인테리어 설비업자에게 연락을 했지만, 시간이 많이 흘러서인지 대답만 하고 나타나지를 않았다.

이러다 사고 한 번 나겠지 싶어서 인터넷 검색 끝에 미끄럼 방지제를 찾아내 도포해 해결했다. 아직 별로 시간이 안 흘러서 효과가 얼마나 지속될지는 모르겠다. 당연한 일들도 꼭꼭 확인하고 또 확인해야 하는 이유다.

하수구는 1자형 주방이라 1자로 크게 내서 큰 문제는 없는 편이다. 첫 번째 식당 때는 건물 지하에 누수가 발생했는데, 그 이유를 찾아내지 못해서 우리 식당 때문이라는 건물주의 근거 없는 추측으로 고생한 적이 있었다. 건물주의 억지 주장에 요리군은 아예 바닥 하수구를 쓰지 않았다. 주방 바닥을 건식으로 쓴 것이다. 실내 바닥재 중 값싼 장판을 사서 뒤집어 깐 후 물을 버리지 않고 대걸레로 닦아내는 방식을 취했다. 흐르는 것들은 다 싱크대에서 해결했다. 그럼에도 불구하고 지하에 물이 흘러들자, 건물주도 더 이상은 우리 탓이라고 하지 못했다.

⑥ 전기설비와 공조

마지막으로 전기설비. 전기 쪽을 잘 모르는 오너일 경우 점포에 들어와 있는 전압에 따라 가전제품들을 사용하는 데 제한이 있을 수 있다. 첫 번째 식당 때는 늘어나는 전기제품을 그 낮은 전압 안에서 해결해야 해서 요리군이 일일이 계산을 해가며 전기세품을 늘렸다. 전압이 넉넉히 늘어온 곳이라면 별 상관없겠지만, 점포 계약 시 점포의 전압도 정확히 확인해 둬야 설비할 때 전압을 늘릴지 말지를 결정할 수 있다.

작은 점포들의 경우 공기의 흐름을 신경 쓰지 않을 수도 있겠지만, 조리 시 발생하는 냄새뿐만 아니라 홀의 공기 흐름이 자연스러운지도 확인하면 좋다. 바람, 공기가 자연스럽게 나갈 수 있는 창과 문이 배치되어 있다면 문제없지만, 그렇지 않다면 환기를 위해서라도 환기구를 홀에도 설치하는 것이 좋다.

용두동 〈두번째 부엌〉도 홀 한쪽 창에 환기팬을 설치했다. 겨울이 되자 틈새 바람이 춥다는 손님들 때문에 어쩔 수 없이 없앨 수밖에 없었다. 그 때문에 환기가 제대로 되지 않아 겨우내 답답한 공기에 속에서 일하는 우리는 좀 힘들었다. 대신 휴식시간이 되면 자주 환기를 시켰다.

주방에 창문이 있어 공기 흐름에는 문제가 없어 보이지만, 막상 요리를 하는 데에는 도움이 되지 못했다. 창문을 열면 가스레인지 불길이 바람에 흔들리고, 여름에는 열린 창문으로 날벌레들이 들어와 위생상 문제가 되었다. 창문은 있으되 별로 도움이 되지 못하는 상황이었다. 특히나 여름에는 뜨거운 불과 찜통더위 속에서 일해야 하는 숨 막히는 일이 벌어질 수밖에 없었다. 그래서 고민 끝에 요리군이 아이디어를 냈다. 홀과 주방 연결부인 배식구 옆에 환기팬 2개를 달았다. 주방 안에 따로 에어컨을 달지 못했지만, 환기팬이 주방의 열기를 빨아내 그나마 덜 힘들게 요리할 수 있도록 했다. 손님들 중에는 이 환기팬의 용도를 궁금해 하는 사람도 가끔 있다.

⑦ 주방 벽 선반과 보조 선반들

대조동 두 번째 점포는 정말이지 주방이 작았다. 한 평도 채 될까 말까한 그 시절, 요리군은 공간의 협소함을 선반들로 해결했다. 바닥에 서 있

주방 벽쪽은 선반으로(위), 화장실 맞은편 벽면
은 수납장을 짜 넣어 이용하고 있다.

는 수납장들이 다 차고 공간일 부족할 때 생각해 볼 수 있는 것이 바로 '허공'이다.

천장에서 철제로 내려오는 선반을 달 수도 있고, 벽에 몇 층의 선반을 달 수도 있다. 그러니 점포 창고나 집에는 늘 각종 공구와 자투리 나무가 상비되어 있을 수밖에. 작은 식당에서 조리대와 가까운 곳에 이것저것 둘 공간이 모자랄 때는 쌓아올리는 방법과 선반이 도움이 된다. 정말 작은 식당, 작은 공간에서 일하는 사람들을 위한 꿀팁이다.

이런 문제를 야기하지 않으려면 수납공간을 넉넉히 마련해 두는 것이 좋다. 식당을 운영하다 보면 애초에 계획한 것보다 저장할 것들이 꾸준히 늘어난다. 그러니 수납 장소는 주방만 하더라도 120% 정도는 확보해 둘 것!

홀에 필요한 각종 설비들

① 방역, 포충기

식당은 2층에 있어도 어디선가 벌레나 날 것들이 몰려오기 마련이라 위생 면에서 방역은 무척 중요하다. 간혹 하루살이나 초파리 같은 날벌레들이 음식에 들어가 클레임을 당할 수도 있다. 우리도 그런 경험이 있어 무척 신경을 쓴다. 그러나 파리나 모기를 잡아 주는 '포충기' 값은 정말 아까웠다. 세스코 등 방역업체들은 기본 2년 계약에 매달 비용을 청구하므로, 날벌레들이 없는 겨울에는 전기만 아까울 지경인 포충기. 늦게 알았지만 인터넷몰을 검색하면 값싼 포충기들이 많이 있어서 직접 구입해 1층 올라오는 계단에 한 대 더 달았다.

② 냉난방기, TV

첫 식당 때부터 식당 규모가 작다 보니 천장형 냉난방기를 구입해 달았다. 두 번째 식당에서는 전 운영자가 남기고 간 구식 스탠드형 냉난방기가 있었는데, 첫해 여름 뜨거운 바람을 뿜으며 고장을 일으켜 천장 매몰형으로 개비했다. 점포나 사무실용 냉난방기는 가격이 비싼 편이다. 어떤 판매처는 냉난방기를 이전 설치하느니 새로 구입하는 것이 낫다고 할 정도였지만, 여러 곳을 알아보니 떼서 재설치하는 게 나았다. 잘 알아보면 떼어 내고 재설치해 주시는 분들이 점포용 냉난방기 판매도 겸하고 있어 조금 더 저렴하게 구입할 수도 있다. 문제가 생기면 바로 와서 AS도 해줘 편리하다. 우리도 세 번째 점포로 옮겨 올 때 이전 점포의 냉난방기

첫 식당 때는 빈티지 스타일 빨간색 브라운관 TV를, 세 번째 식당 때는 수납장 겸용 LP장을 만든 후 그 위에 오디오와 TV를 설치했다.

를 떼어 왔고, 추가로 좀 더 싼 브랜드의 벽걸이용 냉난방기를 구입해 함께 쓰고 있다.

그렇게 2대나 설치했지만 2018년 여름의 더위에는 전 국민이 그랬던 것처럼 무척 힘들었다. 주방의 열기가 빠져나갈 곳이 없어 2대를 쌩쌩 돌려도 손님들이 좀 더워했다. 하지만 지난 겨울에는 큰 문제없이 잘 지냈다.

③ 수납장, 옷장, 일하는 이들이 쉴 곳

세 번째 작은 식당을 열면서 규모가 조금이나마 커져서 가능했던 것들로 수납장이 있다. 화장실 쪽 앞에 가벽을 세우면서 한쪽 면에 수납장을 짜서 넣은 것. 재료와 각종 부자재 등을 넣어 두기도 하고, 한쪽엔 일하는 이들의 옷과 가방, 짐 같은 것을 넣어 둘 수 있도록 제작했다. 주방 안쪽에는 한 평 남짓한 공간을 할애해서 요리사가 쉴 수 있는 공간을 마련했다. 바닥에 전기보일러를 깔아서 브레이크 타임이나 혹시 일이 많을 때 귀가가 어려우면 잠을 잘 수 있도록 했다.

식당 일이란 게 최하 12시간은 족히 근무하기에 다리 한 번 편히 쉴 여력이 없다. 그래서 식당이 좀 커지면 꼭 만들어 넣자고 벼르던 것. 하지만 옷장은 재료 쌓아 둘 곳이 모자라서 재료들을 넣어 두고, 작은 수납장에 직원들의 짐을 넣어 두게 뇌었다. 좀 더 큰 식당을 운영하게 된다면 홀에서 일하는 직원까지도 쉴 수 있는 공간을 만들고 싶다.

우리 동네의 한 식당은 홀의 반이 방으로 꾸민 좌식 공간이라 브레이크 타임 때는 한쪽에 직원들이 모두 쓰러져 잠들 듯 쉬는 모습을 창 너머로 어렴풋이 본 적이 있다. 낮 장사를 마치고 늦은 식사를 하고 나면 기절할 듯이 졸리기 때문이리라.

④ 계산대

마지막으로 계산대. 홀과 주방의 경계에 있는 계산대는 세 번째 점포로 이전해 와서야 좀 번듯하게 자리 잡았다. 이전 가게들은 좁았으니 자리가 좀 옹색할 수밖에 없었다. 계산대에는 POS 모니터와 카드 리더기를 함께 두어야 하므로 적당한 면적을 준비해 두는 것이 좋다. POS 모니터 아래에는 돈 통을 두는 게 일반적이므로 이것까지 계산해야 한다. 우리는 기기들 하단에는 서랍장을 짜 넣고 수납공간으로 쓴다.

계산대는 단순히 돈만 주고받는 곳이 아니다. 손님이 나갈 때 마지막으로 머무는 곳이면서 동시에 계산하는 짧은 시간이나마 운영자나 일하는 사람과 소통하는 공간이다. 여기서 단골손님이라면 잠깐의 아는 척으로 인사를 나누기도 하므로 카운터가 깨끗해야 한다. 당연한 얘기라고? 잘 보면 계산대에 먼지가 뽀얗거나 기름때에 절은 식당이 의외로 많다. 매일 아침 영업 시작 전에는 계산대를 한 번씩 잘 닦고 깔끔한 하루를 맞이하도록! 잔소리를 하나 더 하자면 아울러 테이블에 비치된 메뉴판도 깨끗이!

인테리어와 설비는 계속 정비해 나가는 것

보통 인테리어 설비나 공사는 한 달 내외로 많이들 한다. 그 이상의 기간이 걸릴 경우 임대료의 부담 때문이다. 건물주에 따라서는 보름 내외의 공사 기간을 주기도 한다. 두 번째로 가게를 열었던 곳에서는 월세도 높지 않았던 터라 앞서 설명한 것처럼 요리군이 한 달 넘게 남의 손을 빌리지 않고 직접 했다. 손수 하든 전문가에게 맡기든 설비업자가 현장에서 철수했다고 모든 인테리어가 끝나는 것은 아니다.

동대문구청 옆 용두동 〈두번째 부엌〉도 예외는 아니었다. 한 달이 안 걸려 설비업체가 현장에서 철수했지만, 그때부터 우리들의 인테리어가 시작되었다. 내부적인 것과 장식적인 부분은 우리가 직접 채워 넣기로 했기 때문이다. 그러느라 보름 정도의 시간이 더 걸렸다. 결국 3월 1일 계약을 하고 약 45일간 준비해서 4월 18일 오픈을 했다.

오픈 전에 이틀 정도 가오픈해서 메뉴의 작업 라인을 점검하고 서빙 등을 시연해 봤더니 여전히 미진한 게 많았다. 재료 수납을 위한 냉장고나 홀의 테이블, 의자 등을 추가로 구입해야 했다.

그러니 계약 후 한 달 여 동안 인테리어를 완벽하게 해내겠다는 생각보다는 적당한 선에서 그친 다음, 찬찬히 추가하거나 수정해 나가도 된다. 오픈 후 처음 며칠은 오픈발로 손님이 꽤 들어오긴 하는데, 한 달 정도 지나면 진짜 고객 수가 잡힌다.

오픈 시기보다는 줄어들 확률이 높은데, 이때 집중적으로 인테리어나 설비를 보강해 나가면 된다는 각오로 첫 삽을 뜰 것을 권한다. 물론 완벽하게 해놓고 시작하고 싶다는 바람은 누구나 갖지만, 그 정도의 여유는 가지면 좋겠다는 뜻이다.

CHAPTER 3

메뉴와 가격, 사입처를 정한다

우리 식당만의 메뉴 만들기

동대문구청 옆에서는 오픈 무렵 〈국시와 제철밥상 – 두번째 부엌〉이라는 간판 타이틀처럼 사골국시와 백반, 이렇게 두 라인으로 야심차게 시작했다. '제철밥상' 메뉴는 주위에 백반집이 거의 없고, 제대로 된 한식 밥상 차림을 원하는 요구들이 있어서 시작한 것이다. 그때나 지금이나 우리로 서도 고민과 품이 많이 드는 메뉴다. 흔히 직장인들이 원하는 '백반'이되 반찬을 나눠서 먹는 것이 아니라 1인상 중심으로 차려 내는 것이 나름의 마케팅 포인트이다. 하지만 이 일이 그렇게 만만치 않다.

그리고 좀 더 다양한 고객층으로 넓히고 싶어서 투 톱 체제로 '국시'를 시작했다. 문제는 한 달 운영해 보니, 조리와 서빙에서 상충돼 문제가 많았다. 한 테이블의 여러 손님들이 함께 주문한 것들 중 이 두 라인이 섞이면 조리 속도가 떨어져 나란히 서빙할 수 없었다. 조리 시간은 국수가 더 걸렸다. 그런 이유로 국시를 포기하고 돈가스류를 추가해 한 달 만에 재오픈한 것이다.

'제철밥상' 역시 처음 시작할 때와 달리 여러 변화가 있다. 이름처럼 제철 식재료를 쓴다는 것은 신선하다는 이미지뿐만 아니라 일단 가격이 싸기 때문에 매력적으로 느껴진다. 문제는 '제철밥상'이 인기가 높은 것 같기는 한데, 막상 식당을 운영해 보니 요즘 사람들이 제철 식재료인 나물이나 신선 재료들을 별로 먹지 않는 것을 깨달았다.

오픈 후 1년이 지나고 나서는 그래서 좀 더 손님들이 좋아하는 쪽으로 '제철밥상' 반찬에 변화를 주었다. 메인 요리인 육류 외에 서브 요리처럼 한 가지 더 포인트 반찬을 넣게 된 것. 주로 튀김류나 분식류 등을 선보여 구매력을 높이고 있다. 이렇게 변화를 주기까지는 요리군이 하루하루의 잔반을 지속적으로 파악했음은 당연한 일이다.

그런데 메뉴의 변화가 모든 사람들에게 환영받은 것은 아니다. 연세가 좀 있으신 손님 중에는 이게 '제철밥상'이냐며, 반찬들이 사철 먹을 수 있는 것들이라고 살짝 이의를 제기하는 분들이 있었다. 그래서 15개월 정도 그 이름으로 팔다가 '오늘의 밥상'이라고 명칭을 아예 바꿨다. 매일 바뀐다는 기대감을 주는 이름이라 더 나은 것 같았다.

현재의 식당은 주변 환경 때문에 직장인들이 가장 선호하는 점심 메뉴인 '백반' 파는 곳이 두어 곳밖에 없었다. 쉽게 말해서 직장인들이 부담 없이 먹을 수 있는 밥집이 부족했단 의미. 그런데 백반집이 많지 않은 데에는 또 다른 이유가 있다. 여러 정보와 뉴스를 종합해 보면, 2017년부터 서울 시내의 '백반집'들이 사라지고 있다. 그만큼 한식 메뉴로 장사하는 것이 어렵다는 것이다. 손님들의 요구치, 식재료비는 높은데 가격은 크게 올리지도 못하는 어려운 분야다. 소위 점심 밥값의 저항선이라는 것이 존재하기 때문이다.

그럼에도 불구하고 요리군은 '오늘의 밥상'을 고수하고 있다. 원가 절감을 위해 아침 일찍 경동시장에 들러 장보는 수고로움을 마다하지 않는다. 돈가스, 튀김 등의 메뉴를 함께 운영함으로써 손님들이 끊이지 않도록 유도하고 있다. 그러나 하면 할수록 힘들다는 생각이 절로 든다. 2017년 겨울부터 서서히 늘기 시작한 손님이 2018년 초에는 홈플러스의 푸드 코트가 철수해서인지, 식당이 더 알려져서인지 낮 손님이 20%쯤 더

늘었다.

　단체급식을 오랫동안 해 본 요리군의 요리 경력이 뒷받침되어서 나오는 것이라 '오늘의 밥상'이라는 메뉴의 특성은 '박리다매형' 상품이다. 돈가스류와 나머지 메뉴는 밥만 먹기 지겨운 손님들까지 끌어들이기 위한 메뉴지만, 육류 원가가 높고 손질이 많이 든다.

　2018년 10월 현재, 〈두번째 부엌〉의 메뉴판을 살펴보자. 사실 처음부터 백반인 '제철밥상(오늘의 밥상)'만으로는 거대한 동대문구청 구내식당과 대결하기 힘들 것 같았다. 구내식당 메뉴도 꾸준히 먹어 본 요리군은 좀 더 좋게 좀 더 푸짐하게 내놓는 1인상을 구상해 냈다.

　5가지 반찬과 국, 그리고 김까지 늘 테이블에 비치해 두는 한식 밥상. 손님 입장에서는 밥만 먹을 순 없으니 하기는 힘들어도 먹기는 좋은 돈가스류를 나란히 배치한 메뉴 구성을 한 것이다. 돈가스에서 파생한 메뉴들도 몇 가지 추가하고, 여기에 면류는 처음에는 이것저것 해 봤지만, 현재는 조리 시 작업 속도와 번거로움을 최소화하기 위해 우동과 판모밀만 팔고 있다. 우동은 동절기를 위해, 판모밀은 하절기에만 내놓고 있다.

　'쇠고기국밥'은 최초에 '국시'를 팔 때 육개장 국시가 있었는데, 그 국물 맛이 좋아서 육개장을 따로 팔던 것에 착안해 변화시킨 메뉴다. 직장인들의 해장과 '오늘의 밥상'이 떨어졌을 때의 백반 대체 메뉴가 되어 준다.

　처음부터 가벼운 술안주가 있었던 것은 아니다. 오픈 후 두어 달 뒤부턴 저녁 손님을 늘리기 위해 1만 원짜리 술안주를 딱 3개 만들어 내놨다. 현재는 다른 주문에 차질을 주는 것들을 빼고 돈가스 모둠 안주만 남겼다. 직장인들 거리인 동대문구청 옆에서 저녁 식사 시간은 직장인들의 야근용 식사거나 주택가 주민들이 귀가 시 먹을 만한 반주용으로 고안해 낸 것. 술안주는 여름용으로는 골뱅이 소면, 겨울용으로는 나가사키 짬뽕이 있다가 사라졌다. 저녁 손님을 끌기 위해 만들었다가 '오늘의 밥상' 인기가 계속 높아져 저녁에도 제대로 된 밥 한 끼를 먹고 싶은 손님들이 늘어나 '오늘의 밥상'을 더 준비해 놓는 쪽으로 방향을 잡은 탓이다. 그래서

오늘의 밥상 6,500원

쇠고기국밥 6,500원

왕돈가스 7,000원

수제 돈가스 7,000원

카레 돈가스 7,500원

칠리 돈가스 7,500원

돈가스 덮밥(가츠동) 6,500원

돈가스 새우튀김 덮밥(믹스동) 6,500원

새우튀김 덮밥(에비동) 7,000원

새우튀김 카레라이스 6,000원

오뎅 우동 5,000원

판모밀(여름 한정) 5,,500원

돈가스 모둠 10,000원

초기에 팔았던 사골 국시와 육개장 국시

술안주 메뉴를 대폭 줄일 수 있었다.

첫 번째와 두 번째 식당 때는 주방이 작았으니 돈가스를 중심으로 볶음밥과 떡볶이, 우동 정도만을 판매했다. 처음에는 욕심을 부려 제면까지 했지만, 작은 식당에서 그 정도의 메뉴만으로도 수납과 운용이 번거로워 냉동 면으로 바꿨다. 그마저도 9평 이하의 작은 식당에서는 주방의 협소함으로 엄청난 근면성을 요구했다.

9평짜리 첫 번째 식당에서 히루에 약 100명의 손님을 소화해 낸 날, 요리군은 쓰러질 듯이 녹초가 되었다. 조금은 넓어진 지금도 그렇다. 그 이유는 메뉴 수에 따른 재료의 저장과 손질 때문이다. 그러므로 좀 더 작은 규모의 식당으로 시작할 때는 최대한 메뉴 수를 줄여 집중할 필요가 있다.

우리도 단일 메뉴로 승부를 보는 가게가 부러워 다음에는 이렇게 하지 말자고 생각한다. 그러나 이 역시 양면의 칼날 같다. 요리군이 있어 현재의 다양한 메뉴들이 가능했고, 그런 덕분에 손님들이 끊이질 않고 찾아오고 있다. 하지만 그럴수록 요리군의 수고와 노력이 요구돼 가끔 걱정도 된다.

들쭉날쭉한 재료비 탓에 그렇게 많던 밥집들이 사라져 가고 있는 요즘이라 더 많은 사람들이 제대로 된 한 상의 밥을 찾고 있다. 그런 수요에 맞춘 것이 '오늘의 밥상'인데, 매일매일 메뉴를 달리하다 보니 가끔씩은 평소보다 '오늘의 밥상' 수요가 적고 다른 메뉴 주문이 많아 운영상 괴로움을 낳기도 한다.

우리가 바라는 하루의 이상적인 주문 비율은 오늘의 밥상 6 대 나머지 메뉴 4 정도다. 그런데 이것이 5 대 5만 되어도 요리군의 노동량과 빠른 속도가 요구된다. 반대로 오늘의 밥상 4 대 나머지 메뉴 6 이 되는 날이면, 요리군 혼자 3명의 요리사 작업량을 해내야 해서 한바탕 전쟁을 치러야 한다. 이것이 점심시간 딱 2시간 안에 집중되기에 문제다.

'오늘의 밥상'을 판매한 지 2년

째가 되면서, 퓨전 한식 스타일로 변화를 주었다. 다행히 주문율이 더 높아졌다. 오늘의 밥상 9 대 나머지 메뉴 1 정도의 판매가 이뤄져 오너 셰프의 고충이 적잖이 해소되었다.

기호에 맞춰 먹을 수 있도록 기사식당식 소스를 뿌린 왕돈가스(위)와 찍어 먹는 일식 소스가 나오는 수제 돈가스(아래) 두 가지를 팔고 있다.

백 가지 메뉴 중 선택되는 건 하나

첫 번째와 두 번째 식당에서는 메인 메뉴에 집중하고, 손님을 확장하기 위한 서브 메뉴들을 꾸준히 고안해 냈다. 우리의 목표는 '밥집'이므로, 한 끼 밥이 될 것들에 주력하면서 손님들이 좋아할 만한 신 메뉴를 계발했다. 볶음밥이라면 소스를 바꿔서 낸다든지, 볶음밥에 넣는 메인 재료만 다르게 구성해 메뉴를 추가하는 식이다. 예를 들면, 새우 볶음밥과 베이컨 볶음밥, 게맛살 볶음밥… 이렇게 말이다. 우동을 팔다가 그 우동 면을 이용해 나가사끼 짬뽕을 저렴하게 판매하기도 하고, 해물볶음면을 팔기도 했다.

서브 메뉴는 메인 메뉴에서 확장시키는 것이 좋지만, 함께 조리할 때 흐름을 방해한다거나 번거롭다면 과감히 포기해야 한다. 요리군은 현재 주문을 받으면 한 번에 4~5가지를 동시에 요리한다. 이전에 주방이 작고 불판이 적을 때는 많아야 3가지였다. 이런 상황에서 요리 속도나 작업을 꼬이게 만드는 메뉴는 결과적으로 득보다는 실이 많아 없어야 한다.

지금 돌이켜보면 그렇게 메뉴를 다듬고 구성해 냈던 시간들이 현재를 이룬 것 같다. 첫 번째 책에서는 수익을 내기 어렵고 까다로운 '한식'은 하고 싶지 않다고 했는데, 숙명처럼 지금의 식당에서는 '한식'을 주 메뉴로 팔고 있다. 요리군은 딱 1년 사이에 수백 가지의 반찬을 만들어 봤다. 지금은 고되고 힘들게 느껴지지만, 그 경험들은 요리군의 요리 인생에 큰 자산이 되어 줄 것이라고 믿고 있다.

요리군은 끊임없이 손님들의 반응을 체크한다. 주문받은 음식을 만들어서 잔반으로 돌아오는 양을 살피며 어떤 반찬을 좋아하는지, 어떤 계절에 어떤 메뉴를 선호하는지 살핀다. 또한 주문이 많아지기도 하고, 떨어지기도 하는 극과 극의 경험을 통해 일희일비하지 않는 장사의 맷집을 키웠다. 그런 경험들은 프랜차이즈 본사에서 알려주지 않는다. 요리사나 사장인 오너가 직접 체험하고 쌓아 가야 하는 것들이다. 시간이 만들어주는 소중한 경륜이다.

회사라는 시스템과 조직에서 일하다 나온 사람들은 자영업자 지인들이 어려움을 호소하면 시스템을 만들어 해결하라는 말을 쉽게 한다. 음식점 자영업은 그렇게 되는 것이 아니다. 체득해서 깨닫는 것들인 장사의 감각, 요리의 감각, 이런 것들은 오랜 세월 동안 쌓아올리는 것이다. 여기에 변화하는 사회적 요구에 부응하는 감각도 필요하리라.

요즘 자영업자들에게 인건비는 여간 부담스러운 일이 아니다. 그러니 메뉴를 구성할 때도 음식점 운영과 관련해 종합적인 대책을 마련해야 한

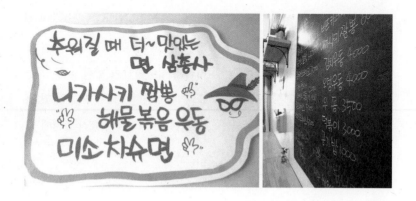

다. 재료비, 인건비를 고려해 꾸준히 판매할 수 있는 메뉴인지, 혹은 판매 방식은 타당한지 살펴봐야 한다. 그래서 지금, 요리군의 헌신과 노동으로 만들어지는 많은 메뉴들은 훗날을 도모하기 위한 극도의 수련 같다. 30 대까지는 요리 실력을 연마했다면 30대 후반 시작한 작은 식당에서 큰 식당으로, 혹은 알짜 식당으로 가기 위한 도정이라고. 그때까지는 여름이면 여름을 위한 메뉴도 추가하고, 겨울이면 추운 몸과 마음을 달래 주는 메뉴도 추가해 가면서 수많은 경험들을 쌓아가는 지금이다.

막 개업을 했을 때는 각양각색의 손님들이 방문해 백 가지 의견을 내놓고 간다. 이런 것들을 해 달라, 이것 좀 해보라고. 이 요구사항들을 잘 파악해야 하는데, 초기에는 손님들의 이런 요구에 마구 휘둘리기 쉽다. 물론 우리도 그랬다. 오픈 시 나름 주 타깃이 되는 손님 층을 잡았다고 해도 처음에는 그 부류의 손님만 오는 것이 아니다. 하지만 시간이 흐를수록 우리에게 맞는 손님들로 손님 층은 좁혀져 간다. 20~30대의 손님을 메인으로 예상하며 시작했는데, 현재는 매상의 90%가 그 손님들에게서 나온다. 그러므로 메뉴나 서비스도 그 손님들에 맞게 정비해 나가야 한다.

손님들이 내놓은 이런저런 의견을 다 듣다 보면 정작 자신이 하고자 했던 것이 무엇인지 혼란스러워질 수 있다. 특히 개업 초기에는 스스로도 자신이 없는 상태이기 때문에 손님들의 의견을 무시해서도 안 되지만, 무작정 다 듣고 실천하려고 해도 안 된다. 잘 가려들을 수 있는 귀를 가져야 한다. 그 귀는 음식을 막 한 술 떴을 때의 표정이나 반응, 먹고 난 손님들의 모습, 잔반량에 맞추어져야 한다. 요리사 혹은 오너는 그것을 파악해 메뉴 정비에 적용해야 하는 것이다.

안줏거리가 거의 없다고 섣불리 안주 메뉴를 늘렸다간 메인 타깃인 식사류 손님들을 잃을 위험이 있다. 밥집이 아닌 술집으로 변모해 갈 수도 있다. 물론 낮엔 밥집, 저녁 이후엔 술집이라는 이중 콘셉트를 가졌다면 별 문제가 없겠지만, 밥집을 목표로 했던 애초의 의도와는 다르기 때문에 안주 메뉴도 잠시 등장했다가 그렇게 줄여 나갔다.

가격 결정, 그 어려운 문제

음식 값은 메뉴의 원가와 수익이라는 두 가지 측면을 면밀하게 분석해 정해야 한다. 2009년 연신내에서 첫 식당을 막 오픈했을 때 돈가스 가격은 5500원이었다. 점포 비용과 근처 상권에 형성되어 있는 물가를 고려하면, 연신내에서는 그 정도가 적당하다는 게 사장인 요리군의 생각이었다. 당시 서울의 다른 지역에서는 비슷한 수준의 돈가스를 6000원에 팔던 때였으니 상대적으로 싸게 책정했던 것이다. 근처의 프랜차이즈 돈가스집은 조금 더 비쌌지만, 작은 식당의 메리트로 그렇게 팔았다.

현재의 식당을 오픈할 때도 가격 결정 때문에 무척 많은 고민과 논의를 거듭했다. 모든 메뉴의 최저가를 7000원 정도로 상정하고 일을 진행했다. 심지어 입간판의 메뉴와 가격에도 그렇게 반영해서 오픈을 준비해 놓았다. 그러던 것이 오픈 전날, '오늘의 밥상'의 가격을 1000원 내려 6500원으로 확정지었다. 앞서도 분석한 것처럼 근동의 음식점 상권에 큰 영향을 미치고 있는 구청의 구내식당 탓이기도 하지만, 이 지역은 구매력이 낮아서 7000원대 밥값은 저항이 클 것 같았기 때문이다. 오픈 시에는 지금보다 반찬 수도 하나 더 많았음에도 불구하고 파격적으로 값을 내리기로 한 것이다.

그 덕분인지 손님이 꾸준히 들어 장사는 제법 잘되고 있다. 하지만 계절별 들쑥날쑥한 신선 재료비와 고공행진 중인 육류비 때문에 적지 않은 어려움을 겪고 있다. 매출은 적지 않은데 이익은 그에 비례하지 못한다. 이러니 한식은 박리다매형으로 갈 수밖에 없는 것인가 싶기도 하다.

일반적으로 한식이라고 하면 반찬 수도 많아야 하고, 싸야 한다는 생각들을 갖고 있기 때문이다. 그럼에도 불구하고 일단 내 식당에 발을 들여놓은 손님들의 만족도를 높이기 위해 오너 셰프는 날이 갈수록 더 좋은 반찬을 내놓기 위해 고민을 한다.

가격 인상은 매우 예민한 문제이다. 식재료비와 인건비, 임대료 등이 오르는데 마냥 싸게 갈 수는 없기 때문이다. 그러니 얼마를 올릴지는 신중하게 결정해야 한다. 물가가 오른다고 손님들의 수입이 늘어나는 것은 아니기 때문이다. 우리의 경우도 가격을 올릴 것인지, 반찬수를 줄여 가격을 동결할 것인지 고민해야 했다. 현재는 '오늘의 밥상'의 경우는 반찬 가짓수를 하나 줄이고 가격을 그대로 유지했고, 육류 메뉴인 돈가스류만 처음 가격에서 500원씩 인상을 했다. 돈가스에서 파생된 덮밥류(돈부리)는 고기 양을 살짝 줄여서 가격을 맞추고 있다.

이렇게 구성해 놓으니 손님들이 매일매일 찾아주고 있다. 매일 와도 지겹지 않은 식당이 되기 위해 밥이든, 돈가스든, 국밥이든 즐거운 선택지를 마련해 두었다. 이 모든 것은 요리사의 공력과 부지런함으로 가능한 일 같다. 내가 오너라면 선택하기 쉽지 않았을 어려운 길이다.

그러나 음식점을 계속 하며 살아가는 우리들로서는 현재의 인기를 충족시키기 위해 당분간은 이렇게 운영을 지속시킬 것 같다. 해볼 만큼 해보면 또 다른 길이 열리겠지. 아직은 젊을 때 많은 경험을 쌓고 싶나. 요리든 경영이든 장사꾼의 길이란 시간이 또 힘이 될 테니까.

수익과 재료비, 그리고 사입처 관리하기

메뉴를 선정할 때는 가격과 재료비의 상관관계도 꼼꼼히 따져 봐야 한다. 식당 운영에 들어가는 월세나 인건비, 관리비 등의 고정비를 빼고 재료비로 들어가는 '메뉴의 식재료 원가'를 꼼꼼히 분석해 두자.

첫 식당의 오픈 초기에 홍대 앞에서 술집을 오래 운영하신 친척 어른의 친구 분이 조언해 주신 적이 있는데, 메뉴 당 원가가 정가의 50% 정도 되어도 괜찮다고 하셨다. 그러나 막상 식당을 운영해 본 요리군은 35%를 넘으면 힘들다는 결론에 도달했다. 그 이유는 객단가(客單價, 고객 1인당 평균 구매액)가 다르기 때문이다. 그분은 우리보다 객단가가 높은 술집을 운영하지만 우리는 밥집이라 객단가가 무척 낮은 편이다. 즉, 업종에 따라 메뉴 당 원가 비율은 달라질 수밖에 없다.

현재의 식당에서도 35% 선을 맞추려고 노력하고 있지만, 재료의 변동폭이 커서 원가 비율이 35~45%대를 오가고 있다. 같은 메뉴라도 날씨나 병충해 등으로 인해 신선 재료의 고물가 행진이 이어질 때마다 원가가 요동하기 때문에 일정 비율을 맞추기가 쉽지 않다.

수익과 재료비는 뗄려야 뗄 수 없는 밀접한 관계에 있다. 재료비를 낮출 수 있으면, 수익은 그만큼 늘어난다. 하지만 무작정 재료비를 낮출 수는 없다. 신선한 재료를 싸게 구입할 수 있는 방법을 찾아야 한다. 요리군이 10년 전이나 지금이나 비교적 낮은 밥값에도 35% 선을 맞출 수 있는 것은 힘들어도 직접 발품을 파는 것이다. 물론 현재의 입지 덕분이기도 하지만, 요리군은 출근길에 버스로 두 정거장 전인 경동시장에 내려 재료들을 구매해 온다. 신선하고 값싼 재료로 원가를 낮추는 것이다.

이전 식당들은 지금에 비하면 식재료가 단순해서 주로 식재료 전문 거래처에 주문해서 썼다. 지금의 식당에서는 요리군의 발품 덕에 식재료 가격을 10% 이상 절약할 수 있었다. 매일매일 반찬이 바뀌는 '오늘의 밥상'이 주력 상품이라 재료비의 절감은 식당 운영에 크게 도움이 되었다.

2018년 초부터 최저임금 인상으로 다들 무척 어려워 하고 있는데, 사실 그전부터 재료비가 폭등하기 시작해 밥값의 원가 맞추기가 쉽지 않았다. 원가를 낮추기 위해서는 요리군이 메뉴를 잘 짜야 가능하다. 사람들이 좋아하면서도 재료비가 비싸지 않은 반찬을 그때그때 내놓아야 한다. 한식으로 인정 받고 수익을 내는 건 무척 까다로운 일이다. 그래도 역시나 박리다매로 많이 팔아서 이익을 남긴다. 어쨌든 식당은, 아니 다른 가게도 그렇겠지만 손님들을 끌어들여야 뭐든 팔지 않겠는가?

책 디자이너인 친구의 얘기 하나. "정말 비싸고 유명한 레스토랑에서도 재료 가지고 장난 치더라구!" 그 얘기를 들었을 때 뭐라 대꾸를 하지 않았다. 레스토랑의 입장도 이해가 되고, 소비자의 입장도 이해할 수 있기 때문이다. 물가와 재료비가 지금처럼 고공행진을 하면 생산자의 입장에서는 당연히 재료비를 낮추기 위한 노력을 할 것이지만, 재료비 낮추는 게 쉽지 않을 때는 가격을 인상할 수밖에 없다.

그런데 이상하게도 공산품일 경우에는 그러려니 하는데, 음식에서는 그게 쉽게 이해되지 않는 것 같다. 그게 눈에 보이지 않은 '가격 저항선'이라는 것이다. 재료비가 얼마든 그 음식은 어느 정도의 가격이 적당하다고 하는 사람들 나름의 기준이 있다는 뜻이다. 회사 다니는 샐러리맨들의 연봉이 오르고, 물가가 오른다고 해도 쉽사리 음식 값을 올릴 수는 없다는 의미다. 그 때문에 특별한 요리 수준이 아닌 바에야 크게 가격을 높이지 못하는 현실이다.

이익이란 일정 기간의 총수입에서 그것을 위하여 들인 비용을 뺀 차액을 말한다. 즉, 총매출에서 재료비, 인건비, 임대료 등 총 비용을 뺀 액수가 이익이 된다. 그러나 대부분의 작은 식당의 '수익'이란 게 사실 오너 자신의 인건비는 치지도 않는다. 높은 재료비나 인건비로 인해 비용이 늘어나면 매출은 크게 달라지지 않았는데 집에 가져갈 수 있는 액수는 줄어들 수밖에 없다. 당장 생활비가 줄어드는 현실을 마주해야 한다. 아이들 교육비도 들고, 고물가로 생활비는 더 들어가는데 어디다 하소연할 수도 없다.

이럴 때 오너들의 굳건한 마인드나 철학이 필요할 것 같다. 오늘 장사가 잘되었다고 내일도 잘되리란 보장이 없는 자영업의 세계라 늘 긴장할 수밖에 없고, 벌어들일 때 더 벌어야 하는 것도 맞다. 하지만 인생 후반전 내내 이끌어 갈 '기업'을 하고 싶다면, 좀 더 장기적으로 보는 뱃심을 키워야 할 것 같다.

물론 어렵다. 여차하면 투자한 만큼도 회수하지 못해서 가난해질 우려가 있으니까. 그래서 나와 요리군은 짧으면 3년, 길면 5년간은 식당의 기초를 닦는 때라고 생각하고 큰 이익을 바라지 말자고 다짐했다. 우리는 대대로 이어지는 일본의 작은 가게들처럼 신뢰를 쌓아 가자고. 그러니 지금은 우리가 절약하고 조금 천천히 벌더라도 꾸준히 한 발 한 발 앞으로 나아갈 수 있는 길을 택하자고.

어느 해에는 배추농사가 망해 국내산 김치 찾기가 어렵고, 어떤 겨울에는 국내산 돼지고기 구하기가 하늘의 별따기다. 팔면 팔수록 손해란 말이 현실로 펼쳐지는 일이 자주 생긴다. 그런데 덜 벌면 된다고 끝나는 일이 아니다. 그에 따라 심해지는 노동 강도도 무시할 수 없다. 그럴 때 돌파구가 되는 것이 이에 해당하는 식재료가 들어가지 않는 메뉴를 선보이는 것이다. 첫 식당 때는 나가사키 짬뽕과 볶음밥류였다. 아무래도 면류와 밥류는 육류 메뉴보다는 원가가 높지 않아서 그런 상황적 어려움을 메뉴로 타개할 수도 있다는 자신감을 갖게 해줬다.

현재는 한식과 돈가스 두 라인을 운영하고 있어서 당연히 요리군의 노동 강도가 높은 측면이 있다. 하지만 위기 상황에서도 두 라인의 장점을 무시할 수 없다. 육류가 오를 때는 한식이, 한식 채소류의 재료비가 급등할 때는 돈가스류가 고가의 재료비 문제를 상쇄시켜 주는 면이 있다. 물론 많은 메뉴 수에 따른 운영의 어려움은 있어도 재료비 측면에서는 그렇다.

어느 해에는 배추농사가 망해 국내산 김치 찾기가 어렵고, 어떤 겨울에는 국내산 돼지고

기 구하기가 하늘의 별따기다. 팔면 팔수록 손해란 말이 현실로 펼쳐지는 일이 자주 생

긴다. 그런데 덜 벌면 된다고 끝나는 일이 아니다. 그에 따라 심해지는 노동 강도도 무시

할 수 없다. 그럴 때 돌파구가 되는 것이 이에 해당하는 식재료가 들어가지 않는 메뉴를

선보이는 것이다.

첫 식당 때는 동네 채소 트럭에서 신선 재료를 매입했다.

음식은 그릇에서 완성된다. 하지만…

식당을 처음 시작하던 10년 전과는 달리 값싸고 예쁜, 게다가 질 좋은 그릇들이 더 많아졌다. 첫 식당 때는 그릇의 선택과 구매를 아내에게 맡겼다. 작은 식당이지만 인정받고 싶고 손님들에게도 잘하고 싶어서인지 남대문시장 도매점에서 멋진 양식기를 샀다. 지금도 그렇지만 돈가스라면 보통 일식 접시에 서빙되거나 멜라민 접시가 주류였던 터라 사각형 디자인의 하얀 양식기에 돈가스를 내자 손님들이 꽤 좋아했다. 돈가스를 메인 상품으로 팔았기 때문에 음식을 딱히 예쁘게 스타일링할 게 없어서 더 좋은 그릇을 썼다.

그러나 1년 만에 어려움에 봉착했다. 그릇들의 무게가 꽤 나가서 일하는 사람들이 팔목이 아프다고 통증을 호소했다. 인기 있는 고깃집에서 서빙하는 아주머니들이 손목이 나가는 것이 이런 이유다. 어쩌다 옹기로 된 그릇들을 쓰는 보쌈집에 가 본 적이 있는데, 일하는 분들이 얼마나 힘들까 마음이 아팠을 정도다.

두 번째 열었던 NC백화점 뒤의 점포에서는 시장통 분위기의 골목에 위치한 탓에 좀 저렴하게 멜라민 접시를 이용해서 일이 훨씬 수월했다. 요즘은 멜라민 접시들도 꽤 잘 만들어져 나온다. 게다가 첫 식당 때와는 반대로 과감히 검은색 접시도 써 봤다.

세 번째인 동대문구청 옆 《두번째 부엌》에는 백반류인 '오늘의 밥상'만 질 좋은 고백자 그릇에 담아 내간다. 고급스러운 그릇과 좋은 목재 식판의 한상 차림이 인기를 얻어서 좋긴 하지만, 역시나 지금도 손목에 슬슬 무리가 오기 시작한다. 아무리 비싸도 7000원 이하인 음식을 파는 평범한 식당에서 고급 테이블웨어에 세팅되어 나오니 오픈 시부터 좋은 호응을 이끌어 냈지만 역시 일의 효율성에서는 좋지 못한 결과를 낳았다.

고민 끝에 현재는 반찬 그릇에 한 두 개씩 멜라민 그릇을 섞어서 씀으로써 고급스러움을 잃지 않으면서도 일하는 사람들의 어려움을 조금 해소하고 있다. 이런 작은 변화도 별 것 아닌 것 같아도 일하는 사람들에게는 큰 도움이 된다. 손님이 많아지면 서빙이나 설거지할 때 무척 부담스럽기 때문이다.

누구나 음식 앞에서 존중받고 싶어 한다. 인간은 먹기 위해서 사는 것이기도 하니까. 식사를 할 때면 그 지위가 높건 낮건 정당한 대우를 받고 싶은 것이 인지상정이다. 그 좋은 기분은 서빙에서도 나오고 음식의 맛에서도 나오겠지만, 따뜻한 느낌의 고백자 한식기를 받아들고서도 발생한다. 사람이 다른 사람에게 좋은 기분을 만들어 주는 것은 그리 쉬운 일이 아니다.
좋은 그릇을 쓸 것인가, 일하기 편한 그릇을 쓸 것인가는 이렇듯 장단점이 있다. 자신의 식당에 맞게 잘 선택하는 것이 좋다. 인스타 맛집을 지향하는 이들이라면 그릇에 과감히 투자해도 좋겠고, 좀 더 대중적인 밥집이라면 편의성을 중요시하는 것이 나을 것 같다.

CHAPTER 4

드디어 오픈, 식당을 열다!

실수 많았던 첫 식당 리허설이 가르쳐 준 것

인생의 여러 에피소드들과 함께 우리들의 식당은 3번째 장소에서 새로운 점포로 새로운 손님들을 맞았다. 돌이켜보니 두 번째 식당은 가볍게 했지만, 세 식당 모두 오픈 전 리허설을 가졌다. 그리고 리허설에서 드러난 문제점들을 재정비하여 하루나 이틀 후 진짜 개업을 했다.

각자의 직장생활을 마치고 처음 열었던 연신내 식당 〈2nd 키친〉에서의 리허설이 가장 기억에 남는다. 오픈 하루 전, 양가 식구들을 모시고 대접 겸 리허설을 가졌다. 정한 시각에 가족들이 모이고 한 분 한 분 원하는 메뉴들을 주문했다. 그 결과는 창피할 정도로 실수가 많았다. 오랫동안 요리했던 사람도 자신의 첫 식당, 첫날 주문에서는 그랬다. 음식 맛은 그럭저럭 좋은 점수를 얻었지만, 조리 과정에 작은 실수들이 겹쳐서 메뉴가 서빙되는 시간이 아주 오래 걸렸다. 모든 요리는 주문한 사람 수에 맞게 한꺼번에 나가는 것이 이상적인데 말이다.

보통 손님으로 갔던 음식점에서도 많이 경험해 봤을 것이다. 4명이 음식을 주문했는데, 한 사람 것만 나오지 않을 때의 황당함과 계면쩍음. 서로 다른 음식들이 주문됐을 때 순서대로 원활하게 나가야 하는데 한마디로 연습이 부족했던 것이다. 마구잡이 순서로 나간 것이 가장 큰 문제였다.

다양한 메뉴의 주문이 한꺼번에 들어오면 어떤 순서로 조리에 들어가야 한 테이블에 비슷한 시간에 서빙될 수 있는지를 계산하고 작업해야 한다. 이것은 나름 시간을 들이고 꽤 숙련되어야만 해결되는 문제다. 조리 시간이 많이 걸리는 것을 먼저 불에 올리고, 가장 빨리 조리되는 것을 나중에 올리며, 다른 테이블에서 온 주문들 중 같은 메뉴가 있다면 2인분씩 조리해 내는 등 요리사의 빠른 상황 판단과 치밀한 계산 능력도 필요하다.

두 번째 문제는 조리도구들이었다. 비용을 조금이라도 아끼겠다는 생각에 좀 작고 저렴한 조리기구들을 구입했기 때문에 시원시원하게 요리할 수 없었고, 당연히 조리 속도가 떨어졌다. 주방이 작고 주문도 하나씩 이루어지기 때문에 많은 음식을 하는 곳처럼 큰 조리 용기를 구입할 필요는 없다고 생각한 것이 요리군의 실수였다.

문제를 개선하기 위해 다음날 당장 행동에 들어갔다. 가스레인지의 화구 이용을 다르게 배치한다든지, 대용량의 용기들 사용을 달리 한다든지, 나름대로 불판 앞에서의 일들을 대대적으로 수정했다.

'그리고 그때 배운 것이 한 가지 있다. 사람에 따라 다르겠지만, 리허설 때는 가능하면 가족들보다는 서로 흉허물 없는 지인들을 모시는 것이 좋은 것 같다. 가까운 가족들에게 잘못된 점을 세세하게 지적받는 것은 생각보다 힘들다. 지적해 주는 얘기가 다 맞는 말이라도 그게 참 아프다. 게다가 가족들이 도와준다고 한꺼번에 나서기도 하기 때문에 실전을 경험하기 위한 리허설 본연의 의도를 제대로 이루기 힘들다.

그 후로도 가능하면 새 메뉴를 개발해 테스팅할 때는 음식을 많이 먹어 보고 많이 아는 친구들을 섭외한다. 가족들은 가급적 따뜻한 존재로 남겨 놓는 게 지혜롭다고 생각한다. 오픈을 준비하는 과정에는 어려운 일이 많아서 가족이 토닥여 주고, 상처를 보듬어 주는 것이 정말 힘이 되기 때문이다.

어쨌거나 첫 식당의 리허설 날 실수로 인해 요리군은 정신이 확 들더라란다. 서빙 전 준비와 세팅, 접대, 계산 등을 담당하던 나는 독한 감기 기운이 돌기 시작했지만, 일생일대의 정신력을 발휘하자는 각오로 임하니 감기도 그냥 지나갔다.

리허설과 메뉴의 조리 연습에 시간을 많이 할애할 수 있다면, 며칠은 더 투자해서 리허설을 해보라고 권하고 싶다. 가령 한 일주일쯤, 임시영업pre open을 해서 지인들만 손님으로 받아서 연습을 해본다. 그리고 하루나 일주일쯤 다시 식당 문을 닫고 고칠 것을 고치고 더 연습이 필요한 부분을 개선한다. 그러나 실제 그렇게 하기는 쉽지 않다. 하루하루 지날수록 월세는 계속 빠져나가니까. 진짜 멋지게 오픈을 하고 싶거나 리허설 때 정말 엉망이어서 고칠 점이 많았다면, 통 크게 그런 연습 시간을 두기를 권할 뿐이다.

우리 역시 처음에는 그렇게 하지 못했다. 요리군의 선택은 "하면서 고치자"였다. 오픈을 하자마자 손님들이 당장 몰려오는 것이 아니기 때문에. 요리사로서 오너로서 아직 여유가 있는 이때 집중적으로 연습하고 고치겠다는 것이었다. 매일의 영업을 통해 손님들의 반응을 보면서 바꿀 점을 뼈저리게 인식할 수 있다는 점 때문이다. 이를 통해서 오너도 요리사도 눈빛이 익어갈 것이다.

세 번째 개업을 했음에도 불구하고

요리 경력이 오래된 요리군이라 자신을 무척 믿었던 것 같다. 첫 번째 식당의 경험이 있었음에도 불구하고 식당을 만드는 일에 집중하느라 현재의 점포 오픈 시 상대적으로 메뉴 준비는 덜하는 느낌이었다. 지금 생각해 보면 우리 둘 다 인테리어에도 관심이 커서 '가게 만들기'에 무척이나 신경 썼다. 물론 그런 집중력은 나중에 가게를 운영할 때 수리나 유지보수 등에 꽤 도움이 되긴 했다. 인테리어 전 과정을 찬찬히 보고 확인하고 익히는 것 말이다.

아무튼 2017년 2월 말에 두 번째 식당을 정리하고, 3월 1일 동대문구청 옆 새 점포 계약을 마친 후 일주일 만에 시작된 식당 공사. 한 달 만에 인테리어 공사는 끝이 났고, 세세한 정비에 들어갔다. 4월로 들어섰는데도 개업일을 정하지 않고 자꾸만 여기저기 손을 보는 데만 집중하던 요리군. 어쩌면 상품으로 판매하기 위한 메뉴를 짜는 두려움 때문에 더 그랬던 것은 아닐까 싶을 만큼.

4월 18일로 개업일을 정하고 그 전 주에 역시나 리허설을 했다. 점포 계약 시 같은 건물에 있는 회사 직원들 20여 명의 점심식사를 해달라는 부탁도 있어서 그분들을 대상으로 리허설을 했다. 세 번째 개업을 했음에도 불구하고 부족한 점이 많았다. 그렇게 준비와 실전은 다르다. 메뉴 준비 연습도 열심히 했지만, 그것이 서빙되는 순서와 소요시간 등에 대해서는 챙기지 못해서 홀 서빙을 담당하는 매니저 언니와 주방과 홀을 연결하는 일을 하는 나, 세 명의 팀워크가 좋지 못했다. 특히 내가 일을 못했

던 것 같다. 홀 매니저 언니도 경험이 많은 사람이었고, 요리군도 오랜 경력의 요리사였으니.

리허설 때 백반인 '제철 밥상'만을 주문받았는데, 메뉴 속 메인 요리를 2가지로 구분해 선택하게 했다. 선택지를 준 것도 혼란을 야기했고, 그런 구분을 계산 시에는 어떻게 해야 할지 우왕좌왕했다. 그밖에도 반찬을 차려 내가야 하는데, 주방에 여유 공간이 의외로 부족해 당황스러웠다. 맛에 대한 평가는 나쁘진 않았지만, 우리는 첫 번째 오픈 때와 같이 속상함을 안고 재정비에 들어갔다.

홀 매니저 언니의 제안으로 홀 카운터 앞쪽에 큰 테이블을 이용해 반찬을 밖에서 차려 주기로 수정했다. 이후 '제철 밥상'은 점심 장사를 위해 약 40벌 정도의 반찬을 미리 준비해 놓고 홀에서 반찬을 차려 내는 방식으로 제공되고 있다. 홀 담당자의 수고와 정성이 필요한 작업이다. 하지만 우리의 그런 불편함은 손님들에게 기분 좋은 결과를 낳았다. 나만을 위한 한 상이 차려진다는 정갈함이 대접받는 느낌을 주었다.

리허설 후 요리군이 홀에서 쓸 준비대를 다시 만들어 냈다.

손님 맞을 준비됐나요?

이렇게 식당 오픈 전에 리허설을 해야 실전에서 일어나는 실수를 줄일 수 있다. 이때 마치 무대 위에서 연기를 하듯이 하나하나 순서를 정하고 실전처럼 연습을 해야 한다. 음식을 중심으로 한 접대만이 아니라 손님이 막 문을 밀고 들어올 때의 상황부터 나갈 때까지 모든 상황을 실전처럼 빼놓지 말고 대응해야 한다.

요즘은 아예 입에 붙어서 손님이 문을 미는 소리만 들려도 "어서 오세요!"라는 인사가 절로 나오고, 식탁에서 일어나 계산을 하고 나갈 때면 "감사합니다. 안녕히 가세요!"라고 자연스럽게 나온다. 목소리 톤은 대략 '솔' 음의 하이 톤이 손님에게도 잘 들려서 적당하다.

첫 식당 개업 후 얼마 안 되었을 때의 일이다. 어떤 손님이 오셔서는 처음 식당을 연 사람들 치고는 인사를 정말 잘한다고 칭찬해 주셨다. 다들 하는 것 아닌가 싶었는데 그렇지만은 않은가 보다. 창업을 준비하는 사람 가운데에는 선천적으로 수줍음이 많은 사람도 있을 수 있고, 무뚝뚝한 사람도 있을 것이다. 우리 부부도 마음을 열기 전까지는 친해지기 어려운 성격이라 손님 접대가 쉽지만은 않았다. 나 역시 처음엔 솔직히 부끄럽고 민망하고 그랬다.

하지만 무대 위에서 연기를 한다고 머릿속으로 주문을 외웠다. 억지로 웃는 체하고 억지로 친절할 게 아니라 여기는 무대 위라고. 그리고 그 무대 위에서는 최선을 다하는 게 중요하다고. 그런 암시를 넣고 훈련해 '솔' 음으로 인사를 건넬 수 있었던 것인데, 그게 좋아 보였던 것 같다. 그 손님이 알고 있다는 실력 있고 맛있는 작은 스시집 한 곳은 주인 부부가 도통 인사를 안 해 손님 입장에서는 대접을 받지 못하는 느낌이 들었단다. 자기네 식당인데 왜들 그러냐고 매우 안타까워했다.

후일 유명 커피 체인점에서도 직원 교육 시 '솔' 음으로 인사를 가르친다는 것을 알았다. '솔' 음은 적당히 높고 밝은 목소리를 내서 그런 것 같다. 속으로 기어 들어가는 소리 말고 높은 소리로 밝게 "안녕하세요!" "감사합니다. 안녕히 가세요!" 이 정도는 자동으로 나와야 오고가는 이들의 기분이 좋다.

그리고 손님에 대한 시선 처리에 신경을 써야 한다. 작은 식당이라 식사 시에 빤히 쳐다보거나 무심코 어느 방향에 시선을 주고 있으면 손님들이 불편해 할 수 있다. 되도록 전체적으로 살필 뿐 특별히 어느 한 곳에 시선을 꽂지는 않도록 주의한다.

식사를 마치고 계산을 할 때는 정반대여야 한다. 영수증이나 거스름돈을 건네줄 때는 편하게 눈을 맞추고 가벼운 인사를 한다. 그럴 때 손님들도 가볍게 목례를 하며 화답해 준다. "고맙습니다. 잘 먹었습니다!"라고. 진심으로 우러나오는 인사를 들으면 손님이건 주인이건 기분이 좋다. 서로서로 존중받았다는 느낌 때문이리라.

그다지 만족스럽지 못했던 리허설 날이 지나고 며칠 후, 드디어 개업날이 밝았다. 아침 일찍 떡집에 주문해 놓은 시루떡을 받아서 가족들끼리 조촐하게 기도하는 마음으로 자르고, 1~2인분씩 소분해 주변 상가, 가게, 회사들에 돌렸다.

첫 번째와 두 번째 식당을 오픈할 때는 생각 외로 무관심 내지는 냉담

한 반응이었다. 여기는 정글, 내 가게에 손님이 있으면 옆 가게는 손님이 없을 수도 있고, 내 손님을 다른 가게로 빼앗길 수도 있는 약육강식의 세계. 그런 곳에 먹이를 나눠 먹어야 하는 존재가 또 등장했으니!

자영업자의 세계는 이전에 경험했던 샐러리맨의 사회와는 아주아주 다르다. 날것 그대로의 세계라고나 할까? 장사를 오래한 오너들은 진짜배기 장사꾼과 가짜를 구별할 수 있는 눈을 가지고 있고, 그 가게의 손님 수로 오너를 평가한다. 그러니 우리의 개업 인사는 동지나 동료가 아니라 경쟁자의 등장을 의미하는 것이었을 터.

세 번째 오픈한 동대문구청 옆에서는 그나마 반응이 괜찮았다. 회사원들이 많았고, 동네에 어르신들이 많아서 떡을 좋아하셨다. 떡과 함께 홍보용 물티슈도 나눠드린 탓에 무척 잘 받아 주었다. 초보 장사꾼 티는 이제 벗어났기 때문일까?

서울 종로구의 신영동, 흔히들 세검정이라고 부르는 곳에서 오랫동안 근대화 연쇄점을 하셨던 시부모님의 40대 시절 얘기를 들어 보니 지금과는 사뭇 다르다. 1년 내내 가게 밖을 나갈 수 없었던 동네 상인들끼리 모여 봄가을 단체여행을 다니면서 그간의 수고를 위로하고 친목을 다지기도 했단다. 그럴 때면 거래처(도매상)들이 과일에 음료수, 떡까지 보내 주었다고. 지금의 자영업자들에게서는 볼 수 없는 정겨운 시대의 풍경이 아닐 수 없다.

아무튼 그렇게 진입한 상인의 세계, 이웃들의 반응은 부모님 세대처럼 정겹게 반기는 분위기가 아니었다는 얘기. 이건 세 번 오픈을 해도 똑같았다. 그러니 마냥 살갑고 친절한 이웃을 기대하지 말 것. 반경 150m 이

내의 다양한 이웃 가게들을 찾아 인사를 마치고 난 후, 요리군은 앞치마의 허리끈을 조여 맸다. 요리사의 아침이 시작되는 것이다. 식당 문을 열 준비가 되었다는 신호다.

오픈 때 흔히 범하기 쉬운 실수가 있다. 각종 무료 서비스를 제공하는 것이다. 일단 주목을 받아 재방문을 유도하려는 것이다. 그러나 그럴 기력과 비용이 있다면 작은 식당이라도 마케팅과 홍보를 위한 다른 방법을 차근차근 마련하는 것이 더 낫다고 생각한다. 손님들은 무료 서비스가 지나면 다시 오지 않는다.

메뉴나 상품의 가격에는 다양한 요소가 함축되어 있어서 가격 대비 적당한 서비스나 상품이면 만족하지만, 반값이거나 할인 가격이 원래의 가격으로 돌아간다면 가격 대비 적당하지 않은 상품으로 바뀌는 경우라 다시 찾을 필요가 없는 것이다. 비슷한 가격에 갈 만한 곳은 널려 있으니까. 잠깐의 메리트는 지속적인 메리트가 되어 주지 못한다. 멋진 인테리어에 무척 맛있는 식당도 음식 수준 대비 적정한 가격이 아니면 다시 찾지 않게 된다.

그런 것에 휘둘리지 말고 일관성 있는 서비스나 상품의 질을 선택하는 편이 낫다. 손님들에게 조금 불편한 면이 있는 식당이라면 가격을 조금 낮춰서 제공하는 편이 낫다.

매상이 적을 때 할 일

2010년 1월 7일 하루 매상은 5만 4000원이었다. 책을 쓰기 위해 요리군과 함께 지난 매상일지를 한 장 한 장 넘겨 보니 감회가 새롭다. 이 날을 잊지 말자고도 했다. 우리의 경우 창업 이전에는 맞벌이를 했고, 아이도 없었으니 둘이 함께 버는 수입이 그리 작지 않았다. 그래서 30대 후반에 늦은 결혼을 하면서 대출을 끼고 아파트를 마련했으나 별 걱정을 안 했다. 그때는 창업할 시기가 그렇게 금세 다가올 줄 몰랐으니까.

연신내 첫 식당 때는 개업 후 1주일 정도는 개업 효과로 6평도 안 되는 좁은 홀에서 25~30만 원 내외의 하루 매상이 나왔다. 그러나 개업 효과가 걷히자 고작 10~15만 원으로 매상이 확 줄었다. 솔직히 하루 매상에 따라 기분이 오르락내리락하는 것이 자영업자의 현실이고, 그런 기분은 곧바로 손님들에게도 전해지기 쉽다.

가장 적게 번 날 우리는 어땠을까? 당연히 기분이 좋았을 리 없다. 하지만 가만히 기억해 보면 그리 우울해 하지는 않았던 것 같다. 아무래도 요리군이 이 업종에 오래 종사했던 터라 다른 사람보다는 담담히 대처할 수 있었던 것 같다.

가끔 남편인 요리군이 존경스럽다. 손님이 없을 때는 불안해 할 만도 한데, 전혀 그런 내색이 없다. 그동안 잘 안 나왔던 메뉴의 조리 연습에 더 매진을 하거나 식당 내부 수리나 식당 주변을 열심히 청소한다. 특히 첫 식당을 오픈했던 그해 겨울에는 눈이 많이도 내렸던 터라 식당 앞에 수북이 쌓인 눈을 열심히 치웠다. 바쁠 때 할 수 없는 일을 하면서 다음을 준비하는 요리군이 든든하기만 한 까닭이다.

운영자의 기분 상태는 식당의 영업에 큰 영향을 미친다. 일하는 스태프들에게도 영향을 미치기 마련이어서 스스로 조절을 잘할 필요가 있다. 나를 믿고 창업을 도운 가족들이나 나를 따라 일을 하고 있는 스태프들에게 말이다.

매상이 적을 때는 그 작고 한심한 수치에 민감하게 반응하기보다는 긍정적인 일에 시선을 돌리는 것이 좋다. 그것이 결과적으로 더 나은 매상을 낳기 때문이다. 요리군은 개업 초기만이 아니라 지금도 손님이 없을 때는 딱 한 가지에 집중한다. 새로운 메뉴를 개발하거나 잘되다가도 가끔씩 마음에 안 들게 나오는 음식들에 대해 집중 연구를 한다. 그래서 자신만의 비법을 찾을 때까지 분석하고 또 연습한다.

그런데 이런 모습이 다른 사람들 눈에도 보였던 모양이다. 식당이 작은 골목 입구에 있던 까닭에 오가는 사람들이 우리의 행동을 눈여겨보고 있었다는 것을 나중에야 알았다. 손님이 없다고 해서 멍하니 TV에 눈을 주고 있거나 의자에 털썩 주저앉아 있지 않고 열심히 움직이는 모습에 점수를 주었다. 동네 사람들은 창업 때의 우리 모습을 한참 후에 이야기해 주었다. "참 열심히 사는 부부, 바지런한 가게 주인들"이라고.

매상이 적거든 더 움직이라. 그 성실한 모습에 사람들은 흘깃 눈을 줄 뿐만 아니라 무의식 중에 기억해 둔다. 저 식당에 한 번 가 봐야지 하고.

고통스러운 변신, 그러나 절실했던

돌이켜보면 식당을 막 오픈하는 시점의 이야기는 세 식당 모두 비슷비슷했다. 잔뜩 기대를 걸고 시작하지만 자리를 잡기까지는 크고 작은 고비들이 찾아오곤 했다. 하지만 가장 당황스러웠던 것은 세 번째 식당인 지금의 식당이다. 오픈하고 얼마 되지 않아 찾아온 고비는 식당의 정체성마저 뒤흔들 만큼 강력했다. 그러나 절실했던 만큼 과감하고도 빠른 변신으로 어려움을 극복했다.

앞에서도 언급했지만, 두 번째 식당은 세 번째 식당을 꿈꾸게 한 징검다리 같은 식당이었다. 가뜩이나 어려운 자영업자들을 더욱 힘들게 한 2016년 겨울 촛불집회와 탄핵정국으로 우리 식당 역시 어려움을 겪고 있었다. 엎친 데 덮친 격으로 2017년 불광역 상권도 나빠지기 시작했고, 임대료의 대폭 인상 요구로 더 이상 그곳에 머물 이유가 없어졌다. 권리금도 포기하고 새로운 식당을 찾아 나섰던 것이다.

그 결과, 동대문구청 옆 지금의 자리에 식당을 옮기게 되었다. 구청 옆이라는 특수성이 우리에게 얼마나 좋은 매상을 안겨 줄 것인지 기대가 됐다. 또 대박식당들처럼 단일 품목으로 성공하고 싶어 고민 끝에 '사골국시'라는 야심찬 메뉴를 선보였다. 그런데 의외로 국시보다는 '제철밥상'이 큰 인기를 끌었다. 문제는 국시와 제철밥상이 전혀 다른 요리 과정을 거쳐 나오기 때문에 같은 테이블의 손님에게 동시에 음식을 내놓을 수 없다는 것이다. 미처 생각하지 못한 문제에 봉착한 것이다. 게다가 요리군도 극한의 어려움을 토로했다. 국수 삶는 물을 위해 하루 종일 가스를 켜놓으니 뜨거워 자기가 먼저 죽을 것 같다는 것이다.

1층 입구에 커다랗게 올린 〈국시와 제철밥상-두번째 부엌〉이라는 간판을 생각하니 아찔했다. 식당의 정체성이 흔들리는 위기를 맞이한 것이다. 하지만 과감한 변신을 택했다. 오너 셰프도 살리고 문제를 해결하는 길은 과감하게 '사골 국시'를 버리는 것이었다. 결국 요리군은 사골 국시 대신 새로운 메뉴를 선보여야 했다. 7년 가까이 튀겨 본 돈가스가 더 낫다는 판단으로 부활시키겠다고 했다. 세상에 사람이 죽겠다는데 반대할 마누라가 어디 있겠는가.

마침, 2017년 5월은 쉬는 날들이 많았기에 아직 식당이 동네에 알려지지 않은 터라 과감히 며칠 문을 닫고 홀과 주방 설비를 재조정했다. 지금 생각해 보면 정말이지 신속하게 변신했던 것 같다. 경륜의 힘이다. 오너 셰프는 식당 전체 공간에 새로 재료를 넣어 둘 구상을 하고, 그릇을 추가 구입하고 주방을 조금씩 변경해 가며 '국수' 라인을 빼고 '돈가스' 라인을 만들어 냈다. 돈가스는 어느 정도는 쌓아 둬야 할 재료들이 많아서 (밀가루, 빵가루, 육류 등등) 냉장고도 늘렸고, 어차피 조정하는 김에 모자라 보였던 테이블과 의자도 보충했다.

간판을 새로 교체해 가며 재오픈을 했다.

　나도 신속하게 움직였다. 간판과 입간판을 바꾸고, 천장 마감재를 쓰지 않아 소리가 쨍쨍하게 울리던 문제를 해결하기 위해 천을 끊어다가 함께 천장에 거는 작업도 해냈다. 이참에 미뤄 두었던 문제들도 해결한 셈이다. 그렇게 고치고 나니 우리의 맘도 한결 가벼워져 다시 씩씩하게 영업을 시작할 수 있었다.

　오픈 2개월 만에 식당의 반을 바꿔 낸 일이었다. 의외로 인기를 얻은 '제철밥상' 메뉴로 엄청난 노동력이 집중되어 온몸이 녹초가 되었다. 손님들이 밀어닥쳐서 잠시도 쉬지 못하고 쉴 새 없이 일해야만 했다. 식당이 새로운 국면에 들어서고 있다는 느낌이었다. 자영업을 시작해서 처음 겪어 보는….

변화가 필요하다고 느꼈을 땐 빠르고 완벽하게 변신해야 한다. 동대문구청 옆에서 세 번째로 식당을 열었던 2017년 4월의 첫 손님들도 우리의 빠른 변신에 이전의 모습을 아예 기억하지 못할 정도의 요즘이다.

변화가 필요하다고 느꼈을 땐 빠르고 완벽하게 변신해야 한다. 동대문구청 옆에서 세 번째로 식당을 열었던 2017년 4월의 첫 손님들도 우리의 빠른 변신에 이전의 모습을 아예 기억하지 못할 정도의 요즘이다.

PART 3

식 당 을   운 영 하 는   법

정신없던 오픈 날도 순식간에 지나고, 하루하루의 크고 작은 파도가

서서히 몰려오는 작은 식당. 작은 식당에 수많은 사람들이 오고 가면

서 식당은 조금씩 성장한다. 그리고 식당과 함께 주인장도 발전한다.

이즈음, 식당 운영에 필요한 것은 무엇일까? 어떤 노력을 해야 미래

를 키워갈 수 있을까?

단계별 식당 운영 노하우

초기 전략, 매상을 관리하라

아무리 오래되고 유명한 음식점이라도 창업 초기에는 어려운 시절이 있었을 것이다. 다만 그 시절을 어떻게 겪어 내고 발전시켰는지가 살아남은 식당과 그렇지 못한 식당으로 나뉘는 게 아닐까?

이즈음엔 번창기의 영화는커녕 소리 없이 사라지는 곳들도 흔할 정도로 음식 자영업이 무척 힘든 시기가 되었다. 개업 효과가 사라진 시기, 하루 매상이 한심하게 나오더라도 흔들리지 않는 마음가짐이 창업자들에게는 필요하다. 혹 그렇지 못하더라도 자세만은 흐트러져서는 안 된다. 처음엔 다 그렇다는 것을 상기하고 모자란 점들을 점검하며 메뉴 연구와 개발, 서비스 개선에 매진해야 한다는 뜻이다.

직장생활을 하던 사람이라면, 게다가 우리 부부처럼 맞벌이까지 했던 이들이라면 하루 얼마 안 되는 수입에 마음이 흔들리는 건 당연하다. 하루에 10만 원, 20만 원 벌기가 얼마나 어려운 일인지 식당을 열기 전에 그려 본 것과는 전혀 다른 현실에 놀라지 않을 사람이란 몇 안 될 것이다. 그래도 낙담하지 말자. 요리군이 참 잘한 것 중의 하나가 손님이 그렇게 없을 때에도 낙담하지 않고 긍정적인 태도로 일관했던 점이다. 속이야 타들어 갔을지 몰라도….

남편이 그런 태도를 보이니 나 역시 담담해져야 함을 깨달았다. 그래서 어렵고 힘든 일이 생길 때마다 좀 더 장기적인 안목을 갖자며 서로를 다독인다. 왜냐하면 우리는 이 일을 오래오래 하는 것이 최종 목표이므로.

지금은 겨우 한 걸음을 내디딘 것이므로 더 멀리 가자면 이 한 걸음이 어디쯤에 위치하는 것인지 확인할 필요가 있다. 대략 '초기 전략'이라고 명명하는 시기를 우리는 창업 후 3년 내외로 본다. 지금은 식당을 연 초기이니 짧게는 1~3년, 길게는 5년 동안은 그에 합당한 행보를 하자는 것이다.

전략은 변하지 않는 기조이고, 전술은 목표를 위해 언제든 바꿀 수도 변할 수도 있는 방법론이다. 처음엔 식당이 협소한 관계로 회전율을 높이기 위해 주류 판매에 주력하지 않지만, 식당이 넓어진다면 객단가를 높이기 위해 주류의 비중과 그에 어울리는 안주류까지도 추가하는 식으로.

우리의 전략은 언제나 오래 가는 식당을 만드는 것. 요리군의 꿈은 한 70대 넘어서까지 현장 일을 하는 것이다. 그새 100세 시대가 되어 어쩌면 당연한 현실이 되었지만. 요리에서 벗어나 경영만 하게 되는 때가 올 수도 있고, 본인이 좋다면 계속 요리를 할 수도 있고, 후진에게 맡길 수도 있을 것이다. 그것을 위해 우리는 시기별로 전술을 달리하며 나아가려 한다.

음식점의 매상은 어느 정도 나와야 좋을까? 흔히들 2, 3일치 정도의 매상으로 한 달 임대료를 낼 수 있어야 한다고 말한다. 전문가들은 그렇게 매출을 낼 수 있는 점포라면 좋은 입지, 상권이라고 한다. 5일치 매상으로 재료비를 상쇄하고, 또 5일치의 매상으로 이윤을 낸다는 얘기가 요식업계에는 전해져 온다.

세 번의 식당을 하면서 딱 그렇게 운영했다. 임대료가 적정한 곳을 찾아 식당을 열었기 때문이리라. 하지만 식당을 연 초기에는 이게 좀 어렵다. 그러므로 창업 자금 중 오픈 시 사용한 비용 외의 초기 자본과 3개월

여 동안 번 수입으로 식당 운영을 해가며 월 지출과 매상을 관리, 분석해야 한다.

돈 버는 것도 중요하지만 버는 것 못지않게 관리하는 것도 중요하다. 잘못하다가는 앞으로 남고 뒤로 밑질 수 있는 게 장사다. 매상을 관리하는 방법은 크게 전문 회계 시스템을 이용하는 방법과 장부를 만들어 직접 관리하는 방법이 있다. 요즘은 대개 아주 작은 식당이라도 POS 등의 정산 프로그램을 쓴다. 하지만 우리는 2017년 중반까지는 사용하지 않았다. 카드는 카드 결제기(리더기)로 하면 되고, 전체 관리는 장부를 직접 만들어 사용해 봤다. 솔직히 POS 회사에 내는 비용도 아깝고, 식당 운영에 들고나는 돈의 흐름을 직접 체감하고 스스로 분석 관리해 보고 싶어서였다.

장부는 일일매상표를 만들어 주문과 매입, 매출, 오늘의 주문과 특이사항을 메모했다. 월별로도 총 지출항목과 매출, 매출대비 재료비 비율, 그 달의 특이사항 등을 적어 둬 식당의 변화와 변동 요인 등을 체크하려고 노력했다.

초기에는 그렇게 수기로 장부를 작성했다가 2018년 현재는 POS로 총매출을 관리하고, 총지출을 정산해서 재료비를 비롯한 각종 고정비를 관리하고 있다. 이제는 음식 종목이 다양해져서 육류와 해산물 등 업체별로 큰 항목을 재료비 안에서도 따로 항목화 해서 전달과 비교해 가며 새롭게 만든 나만의 장부에 기록하고 있다. 회계까지는 안 되어도 월별로 정리를 하기 때문에 식당의 발전 추이를 이 장부를 통해 분석할 수 있어서 좋다. 회계 프로그램을 사용할 줄 아는 사람들이라면 일반과세자로 전환

된 이후 의무적으로 기록해야 할 기장도 직접 하면서 더 구체적인 매출 관리를 할 수 있으리라.

이를 토대로 매월 결산을 하면서 전달보다 얼마나 성장했는지, 혹은 떨어졌는지를 확인한다. 이 중 가장 중요하게 여기는 것은 매출 대비 재료비의 비율과 그에 따른 '마진율'이다. 최초의 개업 후 1년이 채 되기 전까지는 재료비가 월매출의 35%를 넘지 않는 게 목표였고, 어렵게 지켜갈 수 있었다. 하지만 고물가 행진이 이어질 때는 월매출의 40%를 넘기기도 한다. 거기다 인건비와 관리비 등 매월 들어가는 총 비용을 내보면 좀처럼 답이 나오지 않는다. 음식의 원가가 높아졌으니 마진이 줄어드는 것은 너무나 당연한 일. 손님이 늘어나도 마진이 줄어 일하는 사람은 더더욱 힘들 수밖에 없는 상황이다.

창업 전문가들은 음식점의 마진율이 30% 정도라면 성공한 가게라고 한다. 보통 가격은 '원재료 비용 + 인건비·관리비·기타 비용 + 합리적인 이윤'이다. 그런데 자영업자들이 고려해야 할 또 다른 항목으로 부가세와 카드 수수료가 있다. 이런 모든 것까지 포함해 소비자 가격을 책정해야 하는 것이다. 그러나 그게 말처럼 쉬울까?

가령 서울 도심지인 종로구 광화문 네거리의 식당에서 우리 가게와 비슷한 수준의 백반을 먹으려면 9000원대가 넘는다. 동대문구청 옆 〈두번째 부엌〉에서는 시내보다 반찬 종류도 더 많은 총 5가지 반찬의 백반 '오늘의 밥상' 메뉴가 6500원이다. 이 메뉴는 위의 계산으로는 이익이 별로 남지 않는다.

세 번째 식당 오픈 초기에는 이전에 운영했던 점포들에 비해 규모도

커졌고, 우리의 노동력과 수고도 4배쯤 늘어나서 돈 좀 벌어 보나 하고 기대를 했었다. 하지만 웬걸, 처음엔 들어가는 모든 비용(총비용)을 빼고 남은 이윤의 수치에 어이가 없었다. 두 사람의 인건비(사장과 나) 정도는 넘기지 않을까 했던 기대는 여지없이 무너졌다. 두 배, 세 배로 일했다고 해서 이윤이 그만큼 나오지 않더란 말씀. 어쩌면 우리의 계산법이 틀렸을지도 모른다는 생각은 정말이지 한참 후에나 들었다.

오픈 후 1년이 된 지금에야 이런 매출과 정산, 그리고 우리의 노동 등의 상관관계에 대해서 수긍이 가기 시작했다. 다른 분야도 그렇겠지만 음식점을 하는 데 있어서 좀 다른 계산법이 존재한다는 것을 알게 되었다. 아니 어쩌면 몇 십 년 한식을 팔아 본 주방 도우미 이모님이 자주 하시는 말씀처럼 한식 팔아서 돈 버는 시기는 완전히 끝났다는 말이 맞다는 것을 실감한다. 자본이건 인력이건 시간이건 이만큼 투자하면 이 정도는 나와야 하지 않는가 하는 그 정도가 잡히지 않는다. 한식을 팔아 이윤을 남기는 일은 정말이지 어려운 시대에 살고 있는 것이다. 반찬에 따른 재료비 변동 폭이 너무나 불규칙적이고 크기 때문이다. 그러니 초기 매상 관리를 통해 분석된 개선점을 빨리 반영해야 '이익'이란 걸 손에 쥐는 시기가 앞당겨진다.

외식업종에 따라 다르겠지만, 중요한 비용은 식재료 원가와 인건비다. 식재료 원가는 보통 30~40% 수준으로 잡고, 인건비는 20~30%, 일반관리비는 20% 내외로 본다. 최저임금 상승으로 인건비 항목이 높아져 아우성이라지만, 실제로는 식재료비가 더 큰 문제다. 우리가 처음 창업한 2009년부터만 봐도 꾸준히 고공행진을 하고 있어 많은 한식 음식점들이 사라져 가는 이유가 되었다.

오너 셰프는 다양한 항목에서 원가를 절감하려 노력하는 것이 당연하다. 요리군의 경우 〈두번째 부엌〉의 대표 상품인 '오늘의 밥상'을 저렴하게 판매하기 위해 많은 노력을 하고 있다. 이를 통해 '박리다매 전략'으로 가고 있다. 그러나 거기에 들어가는 극한의 노동력을 너무나 잘 알기에 안타깝기만 하다. 하지만 그 전략을 통해 동대문구청 옆, 용두동에서 〈두번째 부엌〉이 성공적으로 자리 잡을 수 있었던 것도 부인할 수 없는 사실이다.

불광역 근처에서 열었던 〈두번째 부엌〉에서는 이렇게 카드 리더기와 매출 장부만 가지고 일일매상을 관리했다.

동네 밥집의 시간대별 매출 전략

사무실이나 회사가 많은 동네 밥집이 하루 매출의 대부분을 차지하는 점심 장사에서 회전율을 높일 수 있는 방법은 무엇일까? 사실 처음부터 이렇게 저렇게 해야지 철저한 계획으로 시작된 것은 아니다. 대중적인 한식, 중식, 일식, 양식 조리 경험을 오래 쌓았고 이를 구내식당이나 뷔페식당, 다이너 등 다양한 방식으로 만들어 본 요리군의 경험이 현재의 운영 방식을 낳은 것뿐이다.

그렇게 보면 이전의 두 점포 운영은 실험이랄까 워밍업 정도였던 것 같다. 그 시간을 통해 깨달은 운영 노하우를 지금 구현할 수 있게 되었다. 그 시간 동안 요리군은 손해나 빚 하나 없이 우리 가족을 먹이고 살렸으니 그 정도면 잘했다고 생각한다.

지금의 〈두번째 부엌〉이 직장인들이 많은 현재의 위치에서 빠른 시기에 자리를 잡기까지는 하루 시간대별 매출 전략을 계속 수정한 것이 주효했다. 처음에는 점심시간에 6대 4 정도의 비율로 백반인 '오늘의 밥상'과 돈가스류 판매를 목표로 했다. 그것이 최고의 매상을 칠 때는 8대 2 정도의 비율을 보인다. 밥 종류가 많이 나갈수록 최고의 매상을 찍을 확률이 높다.

'오늘의 밥상'이라는 메뉴가 나가는 방식의 특성 때문인데, 주문과 동시에 5분 안에 서빙되기 때문에 회전율이 굉장히 높다. 오너 셰프가 오늘의 밥상 메뉴를 영업 시작 직전까지 대부분 조리해 놓고, 주문과 동시에 메인 요리와 밥, 국 정도만 주방에서 담아 내서 가능한 일이다. 동시에 주문이 들어오는 돈가스류와 그 밖의 메뉴는 그때그때 조리해서 함께 나간다. 한식 백반과 일식인 돈가스는 전혀 다른 방향의 라인업이지만 이 둘을 해낼 수 있는 20년 경력의 요리군이기에 가능한 일이리라.

'오늘의 밥상'을 먹으러 오는 손님의 대부분은 점심시간대에 몰리기 때문에 하루에 80인분 정도를 준비해 놓는다. 점심 때 이것이 다 나갈 때도 있고, 저녁 때까지 이어질 수도 있다. 오늘의 밥상이 일찍 떨어진 날은 돈가스류를 주문할 수 있도록 메뉴를 구성한 것이다. 그런데도 꼭 한식을 먹고 싶어서 내방한 손님들을 위해서는 '오늘의 밥상' 다음으로 인기 있는 '쇠고기 국밥'으로 유도한다.

연신내 〈2nd 키친〉 시절, 하루 장사를 마감한 후 정리 중인 요리군

2017년 오픈 후 몇 개월간은 '제철밥상(오늘의 밥상)'의 인기로 빠른 시간 안에 안착할 수 있었다. 그러나 저녁에는 손님이 너무 뜸해서 꽤 늦은 시각인 9시나 9시 반까지 영업을 해봤다. 그러면 오너 셰프의 노동시간이 너무 늘어져 다음날 운영에도 부담이 갔다. 메뉴 선정에 무척 오래 고민하는 요리군을 설득해 단출하나마 저녁 메뉴에 술과 안주를 넣었고, 이것이 주효해 저녁 손님들이 점차 생기기 시작했다.

저녁 술손님들을 위해 안주류로 이것저것 시도해 봤지만, 얼마 안 가 그 전략도 수정해야 했다. 1년을 넘기면서 점심 매상이 하루 매상의 80%를 확실히 넘어서게 되자 도리어 저녁 술안주 메뉴들을 없애기 시작했다. 식사와 함께하는 반주 정도만 할 수 있도록 유도했다. 술손님의 경우, 자칫 오래 머물 수 있어 다음날 영업에 지장을 줄 수 있기 때문이다.

작은 식당은 높은 회전율이 관건!

현재 〈두번째 부엌〉 좌석 수는 37석. 1회전이라고 하는 만석을 기준으로 하면 보통 30여 명이 착석해 하루 영업을 개시한다. 처음 오픈할 때는 30 개의 좌석으로 시작했는데, 손님이 너무 밀려 그에 맞춰 좌석을 추가해 꽉꽉 채웠더니 37석이 되었다. 그렇다고는 해도 여러 팀이 합석을 하게 되기도 하고 비워 두기도 해서 만석은 보통 30여 석. 그렇게 점심 장사 때 3회전 반 정도를 한다. 대개는 오전 11시 30분에 정확히 영업을 개시 해서 오후 3시~5시에 청소 및 재료준비 시간break time을 갖는다.

2017년 4월 오픈 후 첫 여름부터 점심 내방객 수가 평균 90명을 넘기 시작했다. 장마 시즌에 잠깐 떨어지다가 11월을 지나면서 다시 꾸준히 늘어나기 시작했다. 시기적으로 보면 많은 음식점들이 나가 떨어질 무렵 이었다. 모두들 죽겠다고 나가떨어지는데 우리는 새로운 도전을 했고, 나 름의 성과를 얻은 것이다. 그것도 박리다매가 기본인 한식을 주력 상품으 로 팔면서, 오히려 식당이 연착륙한 것이다.

2년 가까이를 되돌아보면서 그 비결을 꼽아 봤다. 첫 식당 오픈에 대한 이야기를 책으로 썼을 때, 절대 하기 싫다고 썼던 '한식'을 시작한 동대문 구청 옆 〈두번째 부엌〉. 그즈음 조사를 해보니 직장인들이 많은 지역들의 백반집들이 무너져 가고 있었다. 고급인 한정식 집은 김영란법과 함께 일 찌감치 나가떨어졌다. 앞서 조금씩 언급한 한식의 여러 어려움 때문에 마 지막까지 버티던 백반집들이 사라져 갔다. 들이는 자본과 노동력에 비해 이윤이 적고 운영이 까다롭기 때문이다.

하지만 우리의 성공 비결의 첫 번째는 그런 한식, 이전에 많이 부르는 이름 '백반'을 〈두번째 부엌〉의 주력 상품으로 삼은 점이다.

두 번째는 서빙의 차별화이다. 흔히 백반은 테이블에 놓인 반찬을 나눠 먹는 방식이다. 하지만 우리는 일식 상차림처럼 단독의 식판(쟁반)에 각자의 반찬을 정갈하게 제공한 것. 이것이 가장 큰 마케팅 포인트였던 것 같다. 그만큼 우리들의 수고는 많고, 손님들이 해치우는 재료의 양도 엄청나다.

세 번째로는 이 백반을 매일매일 바뀌는 메뉴로 제공한 것. 그 덕분에 손님들이 질리지 않고 매일 올 수 있도록 '재방문률'을 높인 것이다. 게다가 약간의 기대감도 갖고 온다. 팀이나 그룹으로 밥을 먹으러 식당에 갈 때, 전혀 다른 종류의 음식을 먹고 싶은 사람도 있을 터. 이를 위해 돈가스류와 덮밥, 면류까지 집어넣었으니 받을 수 있는 손님의 폭이 아주 높았던 것이다. 메뉴의 확장성이 넓다고 할까?

회전율을 높일 수 있는 음식으로 메뉴를 짜고, 이를 빠르게 제공할 수 있는 서빙 방식이 많은 내방객을 소화해 내는 결과를 낳았다. 현재 시점에서는 20평 내외의 홀에서 하루 평균 내방객 수 120명, 즉 4회전을 해내고 있다. 오픈 후 2년 가까이 되자 초기에 원했던 안정적인 매출도 나오고 있다. 초기 1년간은 식당이 자리 잡기 위해서 다양한 시도를 했을 때라 재료비와 이익이 평균치를 내지 못하고 들쭉날쭉했기 때문인 것 같다. 그러기까지 많은 노력과 고민, 노동이 뒤따랐다.

5500만 원으로 작은 식당, 시작했습니다

PART 3. 식당을 운영하는 법

식당 휴일과 영업시간 정하기

2009년 첫 식당을 열었을 때는 일요일까지 영업을 하고, 월요일에 쉬었다. 오픈을 했을 때부터 그랬던 것은 아니다. 직접 손님을 받아 보면서 식당 휴일을 정하는 것이 좋다고 생각해 처음 몇 달 동안은 2주에 한 번씩 쉬어 보기도 하면서, 그렇게 적당한 휴일을 잡았다. 당시는 아이가 없을 때라 월요일 쉬는 것이 요리군이 볼일을 보기에도 좋다는 판단이었다. 두 번째 식당인 불광역 NC백화점 뒤쪽 점포에서는 일요일에 쉬었다. 주말까지 일해 줄 아르바이트를 구하기도 힘들고, 그즈음 늦둥이 아들이 태어나서였다.

식당이 위치한 지역에 따라서 주 손님층이 직장인인지, 동네 주민들인지에 따라 주말 영업을 해야 할지 말아야 할지 결정하게 된다. 아무리 많은 분석을 하고 조사를 한 후 계약해 들어간 점포라고 해도 막상 운영을 해보면 다를 수 있음도 염두에 두어야 한다. 상황에 맞춰 탄력 있게 조율하는 것이 좋다. 물론 오너인 우리의 생활 패턴도 꼭 고려해야 한다.

요리군은 아침 출근부터 영업 개시까지 계속 머릿속으로 시간을 계산해 가며 일하기 때문에 정시 영업 개시를 원칙으로 한다. 처음부터 그랬다. 그러나 동네 단골손님들이 늘어갈 때는 조금 준비가 덜 된 상태라도 내방하는 분들을 위해 탄력적으로 운영한다. 작은 골목 식당이 손님도 밀리지 않는데, 원칙만을 주장하며 영업할 수는 없을 것이다.

그렇지만 지금은 하루 내방객 수가 늘어서 엄청난 양의 음식 준비를 다 해내야 하기 때문에 정시 영업 개시가 원칙이다. 오전 11시 30분 개시를 하면 손님들이 순식간에 홀 안에 가득 찬다. 이게 싫은 손님들이 십여 분 일찌감치 도착해 자리를 잡기도 한다. 주문도 없이 6명 이상의 가장 큰 테이블에 수저만 놓고 기다리는 풍경도 자주 있다.

그럴 때면 요리를 잘 마무리해서 내가기 좋게 세팅해 놓고 싶은 오너 셰프는 무척이나 신경이 곤두선다. 출근 전 장보기부터 시작해 화장실도 제대로 못 가면서 준비하는 탓에 힘들기도 하거니와 하루 전체의 흐름이 깨지기 때문. 그래서 가능하면 홀 매니저와 내가 분위기 파악해 가면서 주문을 받곤 한다. 식당의 원칙만으로 손님들을 돌려보낼 수도 없고, 오너 셰프의 원칙을 안 지켜 주기도 곤란한 중간자 입장이기 때문이다. 원칙은 지키되 상황에 맞춰 탄력 있게 운영하는 것이 가장 바람직할 것이다. 그럴 때 홀 담당자의 역할이 중요하다. 셰프와 손님 간의 불평이 나오지 않도록 조율하는 것 말이다.

식당 마감 시간은 오픈 초기에는 오후 9시~9시 반이었다. 어쩌면 오픈 초기에는 일부러라도 이렇게 운영하는 것이 중요할 것 같다. 지역민들에게 식당을 알리는 기간이기 때문이다. 어느 정도 알려져 저녁 손님들도 원하는 만큼 오기 시작할 때, 운영하는 사람들을 위해서 조금씩 시간을 조정해 나가는 것이 바람직하다.

동대문구청 옆 〈두번째 부엌〉도 처음에는 평일 오후 8시 30분 주문 마감, 토요일 오후 8시 주문 마감을 받아 마지막 손님이 음식을 다 먹고 나가는 동안 주방과 홀 정리를 시작했다. 그러던 것이 점심 매상이 높아지자 평일 오후 8시 10분과 토요일 오후 6시 40분으로 주문 마감을 당겼다. 주문 마감 시간이 단축된다고 해서 운영자들의 퇴근시간이 빨라지는 것은 아니다. 다음날을 위한 준비와 정리가 밀리기 때문에 마지막 주문의 마감 시간을 당기는 것뿐이다.

그러면서 함께 일하는 홀 매니저의 업무 시간과 휴식 시간도 조절될 수 있었다. 요즘은 오후 3시 브레이크 타임 직전부터 손님이 뜸해져 조금 일찍 직원식사를 시작한다. 오후 3시 반 경까지 식사와 함께 휴식을 취하고 나서 대청소에 들어간다. 그러면 오후 4시가 좀 넘는데 쉬거나 오너 셰프를 도와 다음날의 재료준비를 거든다.

요리군은 이때 다음날의 반찬 2가지와 메인 요리 재료를 준비하고, 돈가스용 고기 재료 손질을 한다. 손님이 적을 때는 이참에 재료 손질을 마치고 잠깐이라도 방에서 다리 뻗고 누워 쉬었지만, 바쁠 때는 단 5분도 쉬지 못하고 계속 일할 수밖에 없는 게 현실이다.

오픈 초기에는 아예 브레이크 타임이 없었다. 대략 현재 브레이크 타임과 비슷한 오후 3~4시에 식사를 하고, 손님 오가는 것을 봐서 조금씩 청소를 했다. 역시 식당을 알리기 위해 손님을 계속 받은 것이다. 처음부터 휴식시간을 정해 두면 좋겠지만, 우리는 경험하고 확인하면서 식당을 운영하는 사람들이라….

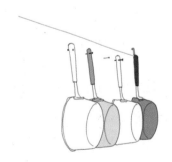

마음 맞는 직원이 일 잘하는 직원보다 낫다

식당 경영에 있어서 세 가지 큰 어려움을 꼽자면 '임대료' '재료비' '인력' 리스크다. 각각의 산이라고나 할까? 임대료와 재료비의 산, 혹은 고비를 넘기면 인력 문제가 대두된다.

식당 창업을 위해 보통은 오픈 일을 정한 후 온라인 광고나 점포 전면에 광고지를 붙여서 함께 일할 사람을 구한다. 함께 일할 사람을 구하는 일은 무척 큰일이다. 우리의 경우, 첫 번째와 두 번째 식당은 규모가 작았으므로 주방보조(설거지)와 서빙을 함께해 줄 사람 1명을 구했다.

직원을 구할 때의 기준은 오너 셰프와 '마음이 잘 맞을까'였다. 누구나 그렇겠지만 요리군도 처음에는 '일 잘할 것 같은 사람'을 선호했는데, 결국에는 '마음을 잘 맞출 수 있는 사람'으로 바뀌었다. 함께 팀워크를 이루며 일하다 보면 사장인 요리군이 워낙 일을 잘하는 타입이라 일의 숙련도는 함께 높아져 갔다. 하지만 일만 잘하는 스타일의 직원들은 작은 식당에서는 사장과 부딪힘이 자주 발생할 수 있다. 오너보다 더 경험이 많고 일 잘하는 직원이라면 오히려 오너를 답답해 할 수도 있기 때문이다.

세 번째 식당인 동대문구청 옆 〈두번째 부엌〉에서는 음식이 서빙되는 홀만을 담당해 줄 직원을 뽑았다. 오픈 후 지금까지 나와 오너 셰프, 홀 매니저 이렇게 3명이 〈두번째 부엌〉을 함께 운영해 왔다. 그런데 점차 손님이 늘어나자 홀 매니저가 무척 힘들어하는 것이 보였다. 그래서 피크인 점심시간 2시간 정도만 일할 서빙 인력을 한 명 더 구했다. 몇 번 교체되면서 현재의 인력으로 정착되었는데, 서빙 아르바이트는 홀 매니저와 잘 맞는 사람을 기준으로 뽑았다. 홀 서빙 아르바이트의 보강은 뜻하지 않은 결과를 낳았다. 단순히 홀 매니저의 부담을 덜어 주고자 했는데, 손님이 20% 가까이 증가했다. 더 많은 손님을 받을 수 있었는데, 인력 부족으로 놓치고 있었다는 방증이다.

손님 수가 늘자 주방 쪽 일도 오너 셰프와 나만으로는 벅차서 홀의 주문과 설거지, 계산을 다 소화해 내지 못하기 시작했다. 가끔씩 시어머님이 나와서 설거지를 도와 주셨는데, 일이 벅찬 것은 둘째 치고 손님이 늘어나자 홀의 상황에 주방이 대처할 수 없는 처지에 이르렀다. 결국 설거지 담당 이모를 1명 더 배치하기로 했다. 점심시간 2시간을 위해 추가 인력을 2명이나 두게 된 것이다. 분명 운영자로서는 비용이 늘어나는 어려움도 있지만, 식당이 활성화되어 손님이 꾸준히 늘고 있으니 이에 대처하는 것이 이윤보다 더 중요하겠다는 판단이었다.

그렇게 한 달 정도 지나니 식당이 안정화에 이르렀다는 느낌이 들었다. 홀 매니저의 지시를 잘 따라 줄 아르바이트생을 구해 홀에서는 둘이 손발을 잘 맞추고 있고, 주방에서는 경험이 많은 이모가 큰 역할을 해주었다. 자신이 맡은 설거지만이 아니라 요리군의 재료 손질과 내 업무인 음식 내주는 것을 도와 줘 숨통이 트였다.

주방 업무의 강도도 무시하지 못할 정도였는데, 따로 설명이 없어도 알아서 척척 일을 도와 주었다. 당연히 애초의 시급보다도 더 올려드렸다. 그리고 일이 수월해졌다고 해도 홀에서 수많은 사람을 대하는 감정노동까지 늘어나 자주 울컥해 하는 매니저에게는 토요일 휴무를 하루 더 줬다. 그리고 마지막으로 오너 셰프. 장사가 잘될수록 더 긴장을 늦추지 못하는 요리군을 설득해 일요일 말고도 마지막 토요일은 영업을 쉬자고 설득했다. 우리는 오래오래 일할 사람들이니 휴식도 좀 챙기며 일하자고.

2018년에는 최저임금이 올라감에 따라 직원들의 처우에 좀 더 신경을 써야 했다. 이미 최저임금보다는 더 지급하고 있었지만, 기분이라도 좋아지라고 약소하나마 임금을 올렸고, 노동 강도와 업무시간을 조금씩 줄이는 방향으로 만들어가고 있다. 브레이크 타임(3~5시)도 2시간으로 늘어나 청소 등을 30분 정도 하고 나면 나머지 시간은 매니저가 쉴 수 있게 되었고, 저녁 마지막 주문마감 시간도 조금 당겨서 퇴근시간을 앞당겼다.

식당 수리 및 운영 점검하기

식당 창업 후 사계절이 지나면 하나 둘 손볼 곳이 나타나기 시작한다. 전면적인 인테리어 개비가 아니라 수리 보수 정도라도 운영상 불편한 점, 손님들이 불편해 하는 점들이 눈에 띄기 시작하면 하루 날을 잡아서 제대로 보수해 주는 것이 좋다. 그래야 더 많은 손님들이 올 때를 대비할 수 있다. 그냥 방치하다가는 모처럼 늘어난 손님을 받지 못하는 일이 벌어진다.

예전에는 유행의 변화로 오픈 후 3년쯤 되면 인테리어를 전면 개비할 필요가 있다고들 했는데, 지금은 2년 정도면 크게 손을 봐줘야 할 것이 생긴다. 그리고 그것은 점포의 임대 계약이 끝나거나 재계약을 할 시기와도 대충 맞아떨어진다.

동대문구청 옆 〈두번째 부엌〉이 있는 동네 특징은 바람이 많은 것. 점포 앞 도로 맞은편에 공원이 있고 바람을 막아 줄 다른 건물이 없어 1층 식당 입구에 내놓은 입간판은 자주 바람에 밀려 가거나 파손된다. 또한 계절에 따라 이런저런 일들이 일어난다. 오락가락하는 봄 날씨로 더울라 치면 파리나 모기 등 날 것들이 계단을 타고 2층 실내로 들어오기도 한다. 겨울에는 환풍기를 타고 들어오는 찬바람 때문에 실내 온도가 떨어지는 일이 생긴다. 문제에 따라 즉시 해결해야 할 것과 날을 잡아 해결해도 되는 것이 있다.

계절별로 점포 안의 시설물들을 점검해야 하는데, 손볼 것들이 한두 가지가 아니다. 운영자는 없는 손재주라도 발휘해야 한다. 상하수도, 보일러, 전기, 조명기구 등은 늘 점검해야 한다.

한편, 식당 운영 면에서는 메뉴 홍보와 매출 향상에 신경 써야 한다. 외부 홍보와 달리 식당 내부에서의 홍보는 식당을 찾은 손님들에게 효과적인 홍보가 될 수 있다. 장식과 홍보 두 가지를 목표로 메뉴 사진을 찍어 액자로 걸거나 코팅해서 붙이는 것도 좋다. 새로운 메뉴가 나왔을 때 하면 좋다. 우리는 메뉴를 꾸준히 손보기도 하고 시도해 보기도 하는 식으로 운영을 하기 때문에 메뉴판도 교체하기 편한 방식으로 제작했다. 새로운 메뉴나 가격 변동 등이 일어났을 때는 몇 주 전부터 꾸준히 알리는 안내문을 만들어 붙이는 것도 할 일이다. 식당 휴무일 안내는 당연하고.

〈두번째 부엌〉 1층 식당 입구에 들어서면 오른쪽 벽면이 흰색이라 너무 심심하고 차가워 보였다. 오픈 후 몇 달 후, 궁리 끝에 페인트를 칠해 블랙 초크보드를 만들었다. 분필로 공지사항을 쓰거나 안내문을 붙이는 용도로 활용하면 좋을 것 같았다. 또 크리스마스, 추석, 설 전후 등에는 간단한 장식이나 인사말, 사자성어 등을 출력해 붙이기도 한다. 조금은 손님을 신경 쓰는 식당이라는 인상을 주고 싶어서다.

2017년 여름 성수기를 지나면서는 이전 식당에서 한 것처럼 포장주문을 시작했다. 배달해 먹고 싶다는 사람들이 늘어났고, 그즈음에는 배달전문 라이더 협력업체도 생겨서 곧잘 제휴하자는 제안이 왔지만, 테이크아웃용 포장주문으로 한정했다. 오너 셰프가 신경 쓸 게 너무 많아서 운영상 번거로운 것들은 과감하게 포기했기 때문이다. 이를 위해 식당 명함 shop card을 또 만들었다. 이전 식당들에서도 운영이 안정화되면 제작했던 것으로, 식당 안내 및 메뉴, 가격을 넣은 2장짜리 접히는 형태다. 식당

명함은 2층 문 근처에 놓아 가져가기 편리하도록 했다. 포장 주문을 유도할 수 있을 뿐만 아니라 길거리 홍보에도 효과적이다.

음식 배달은 작은 식당이 매상을 늘리기 위한 가장 큰 방편이긴 한데, 많은 식당들이 배달원 관리의 어려움을 토로하고 있다. 그래서 탄생한 배달만 해주는 업체와의 제휴는 부가세 등 세금 관리하는 것이 꽤 번거롭다. 처음부터 배달 업체에 위탁하지 않는 이유는 요리군이 그런 중개업체들의 사업 방식을 싫어하기 때문이다. 2009년 처음 창업했을 때 유행하던 소셜쇼핑 업체도 그랬다. 중간마진을 취하는 산업 분야들은 책임을 지는 일이 애매하기 때문에 문제가 일어나면 음식을 만든 우리들에게 돌아올 수 있다. 그래서 웬만하면 직접 제공하는 방식이 좋다고 생각한다.

포장 주문이 안정화되면 여러모로 좋은 점이 많다. 식당 명함을 보고 미리미리 주문하기도 하고, 식사 후 가족을 위해 포장해 가기도 한다. 이때 가능하면 비싸더라도 질 좋은 포장용기를 사용하는 게 좋다. 식당을 떠난 음식이 손님들 손에 들어갈 때까지 잘 보존되어야 하므로. 그리고 포장 용기도 식당의 이미지에 한몫을 하기 때문이다. 프랜차이즈 업체들이나 카페들이 왜 그런 소소한 것에 신경 쓰는지 가만히 생각해 보면 알 것이다. 제공하는 음식과 우리의 서비스가 그런 포장재의 이미지만으로도 은근히 격이 달라 보이기 때문이다. 포장주문의 불편함을 상쇄시키고 깔끔한 이미지를 주기 위한 전술이다.

두번째 부엌 Menu

메뉴	가격
제철밥상	6,500원
매일매일 바뀌는 5가지 반찬과 국으로 구성되어 있습니다. 매일 소진시까지만 제공입니다.	
쇠고기 국밥	6,500원
수제 돈가스	7,000원 (찍어먹는 소스 2가지 제공)
왕 돈가스	7,000원 (뿌려 나오는 소스 제공)
카레 돈가스	7,500원
새우튀김 카레라이스	6,000원

메뉴	가격
돈가스 덮밥 (기초동)	6,500원
새우튀김 덮밥 (에비동)	7,000원
돈가스 새우튀김 덮밥 (믹스동)	6,500원
오뎅 우동	5,000원
판모밀 (여름한정)	5,500원

〈술과 안주〉

맥주 · 소주 (1병)	3,500원
돈가스 · 새우튀김 모듬	10,000원
치즈 떡볶이	10,000원
음료수	1,500원

2017년에 만든 식당 명함(shop card)

연신내 〈2nd 키친〉 시절의 카레 돈가스 포장

사장이 갖춰야 할 덕목

작은 식당에서 사장이 할 일은 A to Z, 즉 모든 것이다. 그러므로 다양한 덕목이 요구된다. 오너 셰프라면 메뉴의 조리에 대한 책임은 물론이거니와 재료 관리를 비롯해 재료비 관리도 필수다. 요리사를 따로 두는 오너의 경우 더 힘들고 신경 쓸 일이 많을 것이다. 음식점을 20년 이상 해온 선배 창업자들도 주방장 때문에 힘들었다는 이야기를 많이 한다. 요리사를 따로 고용하더라도 자신이 팔고 있는 음식들에 대해서는 웬만큼은 다 요리할 줄 알아야 하고 재료와 원가 관리 등도 요리사만큼 잘 알아야 끌려다니지 않는다. 요리사 다루기 힘들어서 아예 요리를 배웠다는 사장님이나 매니저가 있을 정도니 더 말해 무엇하랴.

막상 창업을 해보니 손재주 좋은 요리군의 특성이 식당 운영에 큰 도움이 되었다. 전기 배선은 물론이거니와 목공 등에 관심이 많아서 가능했을 것이다. 그 외에도 워낙 부지런하고 깨끗한 것을 좋아해서 집에서도 정리를 잘하는 편인데, 의외로 지저분하거나 게으른 요리사도 많다고 한다.

손재주가 좀 없더라도 몸소 해결할 수 있는 것들을 하나둘 익혀 두면 소자본 창업에서 자금 절약도 되고 스스로 많은 경험을 쌓을 수 있어 필요한 덕목으로 여겨진다. 작은 규모의 식당에서는 그렇게 운영자 즉, 오너의 모든 능력이 매출과 직결된다. 그러므로 다양한 방면에서 부단한 노력이 요구된다. 우리 같은 오너 셰프 식당의 경우에는 조리 시간의 단축이나 신선 재료의 보관 문제, 세금 관련 업무까지 잘 알아 둬야 한다.

작은 식당은 처음에는 간이과세자로 출발하지만, 연매출 4800만 원이 넘는 순간 바로 일반과세자로 분류된다. 일반과세자로 바뀌면 내야 할 세금도 늘어나 큰 부담으로 작용한다. 즉 종합소득세나 부가가치세의 세율이 높아지므로 다양한 절세의 노력도 필요해진다. 소소한 것들도 우습게 보지 말고 영수증을 잘 챙겨서 지출 증빙 자료로 활용해야 한다.

한편 식당을 운영하는 오너들은 일터의 환경 상 작은 일에도 예민해지고, 소심해지기 쉽다. 좁은 공간에서 사람들이 뿜어내는 온갖 요구를 처리하다 보면 사람들에게 치이기도 한다. 또한 어려운 자영업자의 삶을 지탱하다 보면 반찬 하나, 서비스 요구 하나에도 쉽게 속상해지기 때문이다. 그리고 싶어서, 천성이 그래서가 아니라 좁은 세계에 갇혀 지내다 보면 사람이 그렇게 바뀔 수 있다. 그러므로 부단한 자기개선의 노력이 필요하다. 몸은 좁은 공간에 있어도 더 넓은 세상의 변화를 익히려 애쓰고, 더 담대해지고, 더 강해져야 하는 직업적 운명인 것이다.

손재주가 좀 없더라도 몸소 해결할 수 있는 것들을 하나둘 익혀 두면 소자본 창업에서

자금 절약도 되고 스스로 많은 경험을 쌓을 수 있어 필요한 덕목으로 여겨진다. 작은 규

모의 식당에서는 그렇게 운영자 즉, 오너의 모든 능력이 매출과 직결된다.

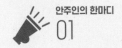
안주인의 한마디
01

안주인의 역할 1 - 직원 한 명 몫, 그 이상

명성 있는 노포를 떠올리거나 부부가 운영하는 음식점에 가 보면 카리스마 여사장님이나 안주인이 눈에 들어온다. 음식점에서 '안주인'이 하는 일이란 무엇일까? 사장인 남편의 보조자 역할만 할까?

안주인이 바로 사장일 경우에는 말할 것도 없겠지만, 집안의 살림꾼처럼 식당의 '안주인' 역시 눈에 띄지 않는 무척 많은 일을 한다. 내 경우로 얘기하자면, 작은 식당 초기에 직원이 없을 때는 모든 일에서 무엇이든 도와주려 애썼다. 그렇지만 몸으로 하는 일을 해본 적이 없던 터라 많이 서툴렀다. 그러다 요리군이 예전에 함께 일했던 언니를 매니저로 고용하고 나서는 일에서 한발 물러섰다. 일을 못하는 내가 어설프게 나서면 그분께 폐가 될 것 같아서 요리군이 먼저 그렇게 제안했다.

두 번째 점포를 운영할 때까지도 전면에 나서서 일하지는 않았다. 대신 아르바이트생을 구하기 힘든 토요일에는 식당에 나가 도왔다.

드디어 세 번째 식당. 두 번째 식당을 접기 전부터 요리군이 계속 다른 점포를 물색하기도 하고 그 식당에 정을 떼고 있는 것을 알았기에 때가 오면 내가 식당운영에 함께 나서야 한다고 여겨 하던 일을 정리했다. 마침 하던 일이 꽤 힘에 부쳤을 때였다. 때가 오기를 기다리며 프리랜서로 출판 관련 일만 조금하고 있을 무렵, 세 번째 점포가 나타났다. 전면적으로 일을 도와야 하는 때가 왔음을 알았다.

세 점포 모두 함께 식당을 열었지만, 운영에 있어서는 모든 시간을 함께하지 않았기에 큰 각오가 필요했다. 안주인이기 이전에 한 명의 제대로 된 직원 몫을 해야 했기에 부족한 체력을 극복하려 애썼다. 이전까지 해오던 다른 일들과 비교하면 노동 강도가 강했기 때문이다. 게다가 몇 가지 일을 동시에 처리해야 하기 때문에 빠른 머리 회전도 필요했다. 쏟아지는 주문을 주방에 전달하고, 계산하고, 손님들을 대접하는 일을 매끄럽게 진행해야 한다. 물론 이런 일들을 처음 하는 것은 아니지만, 그 강도와 요구치가 커지자 힘에 부쳤다. 하지만 부족해도 내가 없으면 일의 한 축이 무너지므로 스스로 '더 강해지지 않으면 죽는다'는 마음가짐으로 극복해 나갔다.

그런 자신과의 싸움은 사실 보이지 않는 것이다. 주방을 맡고 있는 오너 셰프와 손님 사이에서 일어나는 모든 일들에 신경을 써야 한다. 즉, 요리사인 남편에게 맞춰서 일을 해야 하고, 홀의 직원과 손을 맞춰야 하며, 각종 문제가 생기면 전면에 나서서 해결해야 한다. 그렇게 이전까지는 생각하지 못한 큰 산을 하나씩 올라가고 있다.

오너 셰프가 운영하는 〈두번째 부엌〉은 사장 일의 태반이 주방 중심이라 손님 접대 공간인 홀에서 일어나는 일은 홀 매니저와 내가 주로 해결한다. 구체적으로는 주문 들어온 메뉴를 미리 세팅해 오너 셰프에게 전달하고, 조리된 음식 나갈 때 토핑해 주는 요리사의 보조 역할과 퇴식 후 설거지, 마지막으로 카운터에서 하는 계산 업무가 주를 이룬다.

오전에는 매니저와 함께 점심 장사를 준비하며, 사이사이 오너 셰프와 홀 매니저, 파트타임 아르바이트 2명을 위한 원두커피를 내려놓고, 오너 셰프가 계속 만들어 내는 설거지의 산(?)을 처리한다. 그러면 어느새 영업시간! 빠듯하게 준비해도 영업 시작인 11시 반까지는 걸리는데, 손님들은 11시 15분 정도부터 나타나기 시작한다.

전쟁과 같은 점심 영업이 일단 끝나면 3시부터 5시까지 브레이크 타임 때 대청소를 함께한다. 주방이 엉망일 때는 주방 위주로 함께 정리하고, 그렇지 않을 경우엔 홀 청소를 돕는다. 정말 낮 손님이 많은 날에는 준비한 재료들이 거의 소진되어서 우리가 먹을 것도 남지 않는다. 그런 날엔 2시 반쯤 우리가 먹을 것을 챙긴다. 진이 다 빠졌을 요리사와 매니저를 위해 다른 음식을 사다 주기도 하고 배달도 시켜 먹는다. 한참 음식을 팔다 보면 우리 음식에 질릴 때가 많기 때문이다.

오픈 후 1년간은 저녁 장사까지 함께 돌봐서 오후 7시 15분쯤 퇴근을 했다. 어린 아들 때문에도 그렇고, 큰 변수가 없는 한 요즘은 늦어도 낮 장사 정리하고 오후 4시쯤 퇴근한다. 그렇게 만들어 낸 시간으로 이 책을 쓸 수 있었다.

CHAPTER 2

음식이라는 상품 팔기

오너 셰프의 하루

〈두번째 부엌〉에서 버스로 두 정거장 전에서 내리면 서울 동부지역 거대 시장인 경동시장이 있다. 흔히들 약령시(藥令市)로만 알고 있지만, 청과 도매시장을 비롯해 채소, 육류, 어류 등 없는 게 없는 시장으로 약 10만㎡의 엄청난 규모다. 워낙에 큰 시장이라 나로서는 장보기 엄두가 안 날 정도다.

경동시장에 요리군이 도착하는 것은 오전 8시 20분경. 경동시장은 도매시장을 포함하고 있어 값이 싸기 때문에 매일 아침 이곳을 휘젓고 다닌다. 한 시간 가까이 장을 보면 배낭 속에서 꺼낸 카트가 꽉 차고, 그 배낭마저 장본 것들로 가득 채운 후 두 정거장을 걸어서 용두동 〈두번째 부엌〉으로 출근한다.

오전 9시 20분, 요리군은 식당에 도착하자마자 장본 것을 풀어놓고 다듬은 후 한 시간가량 '오늘의 밥상' 80인분을 준비한다. 밥을 짓고 국을 만들고, 메인 요리와 서브 요리를 만들면 꼬박 2시간이 걸린다.

내가 그날그날 창가 테이블에 올려놓을 칠판에 '오늘의 밥상' 메뉴를 분필로 적고 나서 점심장사 준비를 모두 마치면 오전 11시 20분경. 주방은 곧 영업 개시다. 11시 30분, 식당 오픈시간이다. 하지만 손님들이 미리 와서 앉아 있을 때도 많다.

오전 11시 30분부터 오후 1시 30분까지 〈두번째 부엌〉은 주방이나 홀이나 손님들이 올라오는 계단참까지 전쟁터가 된다. 한마디로 속도와의 싸움이 시작되는 것이다. 계단을 올라 2층인 우리 식당까지 올라와 주신 손님들이 2층 문 앞에 서서 기다리니 한겨울에도 땀이 뚝뚝 떨어지지만 일하는 속도를 늦출 수 없다.

가장 바쁜 것은 누가 뭐래도 단연 주방의 오너 셰프다. 가스레인지 위에는 돈가스가 튀겨지는 커다란 기름 솥 외에도 5개 정도의 화구가 있다. 어느 것 하나 쉴 틈 없이 꽉 차게 음식을 만들면서 함께 밥을 내준다. 한여름의 주방 온도는 섭씨 40도를 웃돈다. 요리군이 조리하는 가스레인지 앞은 상상 이상이다. 그럼에도 불구하고 우리 식당을 찾는 손님들이 맛있게 식사할 수 있도록 불 앞을 떠날 수 없다.

오늘의 밥상의 육류 메인 요리는 한꺼번에 너무 많이 해놓으면 맛이 떨어진다. 그 때문에 오픈한 지 한 시간쯤 지나면 반 조리를 해놓은 여분으로 새로 요리에 들어간다. 서브 요리가 튀김류일 경우, 사이사이 계속 튀긴다. 이 모든 것이 바로 2시간 안에 이뤄지기에 치열하게 일을 한다.

오후 2시 정도부터는 몰아닥치던 손님이 조금씩 뜸해지기 시작한다. 그러면 요리군과 나는 밀린 설거지를 해치우고, 홀 직원은 끊임없이 정리를 한다. 산더미처럼 쌓여 있던 그릇들이 순식간에 제자리로 돌아가고, 마지막으로 수저와 컵을 닦고 나면 오후 3시쯤 된다. 그러나 이때부터 요리군의 오후 일과가 재가동된다. 메인 요리는 당일 아침에 만들지만, 다음 날의 밑반찬 80인분을 또 준비하는 것이다. 그리고 나야 비로소 우리들의 점심식사 시간이다.

오후 3시경 1층 식당 문에 '청소 및 재료 준비 중'이라는 안내문을 붙인다. 브레이크 타임을 알리는 안내문이다. 그러나 브레이크 타임에도 여전히 바쁘다. 우리가 먹을 음식을 차려서 테이블 앞에 앉으면 셋 다 바로

숟가락을 들지 못한다. 서로 말 없이 한숨을 쉬고는 꾸역꾸역 먹는달까. 아침에 출근할 때는 오늘은 이런저런 것을 좀 의논해야지 하면서 점심식사 시간을 벼르지만, 이때쯤 되면 셋 다 머릿속이 까맣게 암전된다. 홀 매니저는 손님 접대와 반찬 담기, 퇴식 처리와 테이블 정리정돈 하느라 멘탈이 탈탈 털린 얼굴로 밥상 앞에 앉아 있다. 요리군은 조리 시 열기와 기름 등이 튀어 꼴이 말이 아니다. 두어 시간 만에 머리는 튀김기름에 절어 좀 비참한 몰골로 밥숟가락을 든다. 그래서 이때 말 한 번이라도 잘못 걸

매일 아침 '오늘의 밥상' 메뉴를 칠판에 적어 창가 테이블에 올려놓는다.

면 욱 하고 성질을 내기 일쑤. 주방은 불(火)과 요리와 속도의 전쟁터라 어떤 요리사든 극도로 예민해질 수밖에 없다.

그렇게 점심을 먹고 나면 솔직히 쓰러질 듯 졸린데, 다시 힘을 내서 오후 일들을 시작하는 게 오후 3시 20분경이다. 요리군은 이때 내일의 영업 준비로 다른 메뉴들의 재료 손질을 다시 시작한다. 돈가스용 돼지고기 등심 커다란 덩어리를 잘게 다듬고 두드려 펴야 한다. tvN의 〈강식당〉에서 많이들 봤으리라 생각되는데, 이 돈가스 두드려 펴는 일은 천하장사 강호동도 힘들다는 고강도의 노동이다. 이어 돈가스 소스 한 솥, 쇠고기 국밥 국물 한 솥, 카레 소스 등을 끓여 냉장고에 넣어 둔다.

이때 홀 매니저와 나는 홀과 계단, 화장실, 식당 앞 청소를 한다. 브레이크 타임을 두기 전에는 청소와 정리를 하는 사이사이 또 손님을 받았다. 요리군은 요리군대로 위의 일들을 하면서 또 계속 주문을 받아 음식을 내어줬다. 쉴새 없이 일을 했던 것이다.

요리군이 내일의 준비를 마치면 오후 4시 30분경이 된다. 점심식사 시간 10여 분을 제외하곤 이때 처음 휴식을 갖는다. 주방 옆에 만들어둔 작은 방에 30분 정도 기절하듯이 쓰러져 있다. 손님이 많을 때는 이 자투리 시간마저 거의 나질 않는다. 이것이 오너 셰프의 일과다. 아니 모든 요리사들이 그러하리라.

브레이크 타임이 끝난 오후 5시경부터는 다시 저녁 손님들이 한두 명씩 오기 시작하고, 저녁 장사의 피크는 오후 7시 10분에서 8시 30분까지이다. 내방 손님수의 비율은 점심에 80, 저녁에 20 정도로 유지되고 있다. 그런데 가끔씩 저녁 손님이, 그것도 늦은 시각에 몰려오면 일하는 이들의 피로감은 극에 달한다. 저녁 장사 시간에는 음식을 내어 주면서 사실상 하루의 정리도 시작되는 것인데, 약간의 술을 팔기 때문에 술을 마시던 손님들이 늦게 가면 그만큼 주방정리와 청소시간이 밀리기 때문이다.

보통 오후 8시 10분(토요일에는 6시 40분)에 마지막 주문을 받아 오후 9시경 식당 문을 닫지만, 정말 손님이 9시에 딱 맞춰 나갈 경우 정리할 시간이 빠듯해서 요리군은 한밤중에 귀가하게 된다. 평소 오후 10시 20분경에 귀가하는 요리군은 그래서 밤이 되어서야 때늦은 저녁 식사를 한다. 이쯤 되면 지치고 지쳐서 세상 모든 음식 맛을 모르겠다고 한다. 배는 고파 미치겠지만 먹고 싶은 게 하나도 없는 어이없는 상황에 이르는 것이다. 음식을 만드는 사람의 고달픈 운명이다. 그나마 마지막 주문시간을 조금 당겨서 오후 10시 전후로 귀가해 조금 나아졌다고나 할까.

너무 힘들 때는 직원식사 시간에 알코올을 섭취해 고단함을 푼다. 오너 셰프가 제조해 준 깔라만시에 사이다와 소주를 넣은 칵테일

숙련도와 조리 속도가 매상을 좌우한다

당연한 말이지만 창업을 하기에 앞서서 메뉴를 더 열심히 개발하고 익혀야 한다. 여기에 또 한 가지 성공 비결은 '빠른 조리 속도'에 있다. 주방 요리사의 속도는 매상과 가장 큰 영향을 미친다. 특히나 우리처럼 작은 식당은 빠른 회전율이 매상에 직결된다. 그래서 새 메뉴를 추가할 때 조리 시 손이 너무 많이 가면 과감하게 제외시킨다.

더위가 찾아오는 여름이 되면 '여름 특선'까지는 못 해도 여름에 즐길 만한 시원한 음식을 준비한다. 두 번째 점포까지는 일단 돈가스가 메인이라서 여기에 어울릴 것으로 판모밀을 준비했다. 세 번째 점포에서는 '오늘의 밥상'과 어울리는 '비빔국수'와 '콩국수'를 넣어서 나름 호응이 좋았다. 문제는 조리의 난이도나 어려움이라기보다는 다른 음식과 같이 주문받을 때 작업이 꼬였다. 한 테이블의 주문 시 함께 나가게 속도를 조절하기 어려운 지경에 이르자 메뉴에서 과감히 빼 버렸다. 이듬해부터는 조금 더 간단한 '판모밀'로 바꿔서 여름 메뉴로 대체했다.

반대로 겨울에는 1만 원대 '해물 나가사끼 짬뽕'이 있었고, 안주로도 호응이 좋았지만 이 메뉴 역시 몇 달 후 포기했다. 손님들은 아쉬워했지만 같은 이유로 없애 버렸다. 물론 그럴 수 있던 배경에는 '오늘의 밥상'과 '돈가스류' 투 톱이 선전해 주었기 때문이다.

이렇듯 영업을 하면서 '조리 속도'에 지장을 주는 것들에 대해서는 하나하나 문제를 개선해 나가야 한다. 조리 속도에 지장을 주는 것은 주방 설비에서 올 수도 있고, 요리사 개인의 역량 때문일 수도 있을 것이다. 주방 설비의 문제라면 과감히 수리 보수해야 할 것이고, 개인의 역량 탓이라면 부단한 노력이 필요하다.

요리군이 만드는 '오늘의 밥상'은 요리사 입장에서 보면 메인 요리가 하나 있고 나머지 반찬 가짓수만큼 80인분은 준비해야 하므로, 다른 메뉴들까지 합치면 꽤 많은 준비를 해야 한다. 점심 손님이 빠지기 시작하는 오후 1시경부터는 요리군은 작은 노트를 들고 짬짬이 다음 한 주간의 오늘의 밥상 메뉴를 적어 내려간다. 오늘의 밥상은 반찬 수가 5가지인데, 각각의 조화를 고려하고 '잘 팔리게 구성해야' 하는 어려움이 있다. 각 반찬들의 맛이 서로 잘 어울리게 하는 것도 중요하고, 메인 요리 빼고 손이 너무 많이 가지 않도록 신경 쓴다. 게다가 재료비까지 신경 써야 하니…. 혹시 점심 장사 중간에 반찬 중 일찍 바닥나는 것들이 있으면, 새로 추가해서 조리해 내도 될 정도의 조리 수준도 유지시킨다. 이 모든 것이 '요리 속도'와 관련이 있는 것이다.

그러니 가스레인지 불판은 점심 장사 중에는 모두 가동된다. 5개 정도의 주문을 동시에 해소할 수 있는 요리 속도와 숙련도를 가지고 있다는 뜻이다. 여기에 같은 고기 요리라도 매번 할 때마다 더 빠르게, 더 맛있게 하기 위해 새로운 방법을 고민한다. 본인 스스로 빠르게 해내고 싶은 맘도 강하기 때문이란다. 아무래도 오너 셰프라서 더 그렇겠지만 말이다.

식당을 막 열었을 때는 당연히 손님이 금방 늘지 않는다. 이때 손님이 늘지 않는다고 실망하지 말고, 어려운 시기를 기회로 삼아 더욱더 열심히 조리 연습을 해야 한다. 막 오픈을 하고 작은 주방에서 새 시스템으로 일을 하다 보면 실수가 많을 수 있다. 오픈을 하고 그 실수가 계속되면 개업 효과로 몰려든 손님들이 바로 실망하고 다시는 발걸음을 안 하게 된다. 작은 실수들이 쌓여 큰 타격을 주는 것이다.

매일매일 하는 일인데도 가끔은 요리가 잘못 나올 수도 있다. 그러니 짬짬이 숙련도를 높이기 위한 시간을 갖다 보면 어느새 메뉴가 차분히 정리되어 가는 순기능도 있다.

최고 매상 시 생기는 문제들

앞 장에서 매상이 적을 때 할 일을 설명했지만, 반대로 매상이 예상을 상회하기 시작하면 어떤 일들이 일어날까? 점포를 좀 더 확장한 세 번째 식당부터 겪은 일들이다.

첫 번째로는 요리사의 일에 과부하가 생긴다.

뻔한 저장 공간을 이용해 재료를 더 많이 준비하고 넣어 둬야 하므로, 공간을 넓히지 못할 시에는 부지런히 재료 손질을 해둘 시간이 필요하게 된다. 당연히 노동력의 과부하도 나타난다. 그래서 이 무렵부터 '브레이크 타임'을 두었다. 동네 사람들은 "아, 쉬는 시간이 생겼네요?"라고 하지

만, 절대 쉬는 시간이 아니다. 재료 준비와 청소를 해야 하는 시간으로 매상이 늘수록 이 시간마저 빠듯하다. 현재 오후 3시~5시까지 2시간의 브레이크 타임을 갖고 있는데, 식당 입구 문에 붙여놓는 안내문은 2시간 반, 3시간짜리도 만들어 두었다. 가끔씩 그만큼씩 재료 손질 시간이 더 필요하게 될 때도 있으므로.

이 말은 당연히 장사가 아주 잘된다는 증거! 재료도 많이 사둬야 하고, 재료 구입비도 덩달아 올라간다. 비가 오나 눈이 오나 새벽 잠 시간을 줄여서 경동시장에서 아침 장을 보고 가게로 출근하는 요리군의 카트는 나날이 무거워간다.

이 무렵부터 체력관리와 건강관리가 각별히 필요해 집에서도 영양보충을 위해 신경 쓰기 시작했다. 요리사 본인이 다양한 요리를 하고, 점심으로 그것을 지겹게(?) 먹고 있어서 입맛을 잃어 부쩍 살이 빠질 정도였기 때문이다. 밤 10시 넘어서야 귀가하는 요리군을 위해 주로 해산물 반찬을 해주기 위해 노력한다. 토요일 장사는 평일의 반 정도 매상과 손님이 내방하므로, 잠이 모자라는 문제는 금요일 밤에 가게에서 취침하는 것으로 해결한다. 한 주간의 마무리를 위해 주방을 대대적으로 청소도 하고, 토요일 오전에 모자란 수면시간을 보충하기 위해서다.

오픈했던 2017년, 주방의 여름 더위는 4월 말부터 왔다. 한참 점심 장사를 할 때 요리군의 등을 보면 소금이 하얗게 낀다. 더위를 먹지 않고 일에 녹초가 되지 않게 하기 위해 여름에는 보약을 먹어 가며 일을 한다. 1년이 지난 지금도 어렵지만 특히 2017년은 처음 운영하는 조리와 판매 방식이라 참 버거웠다. 어쩌면 우리가 해낼 수 있는 이상의 시스템을 만들어 놓은 탓이리라.

두 번째로는 홀과 주방 인력이 부족해진다.

2017년 겨울부터 슬슬 내방객 수가 늘더니 2018년 2월에는 쉬는 날도 많았는데, 월 매상 최고치를 찍었다. 이후 앞서 말한 것처럼 홀과 주방에 2명의 파트타임 아르바이트 인력을 배치해 조금 여유가 생기는 듯했다. 덕분에 흐름이 원활해진 만큼 내방객 수도 자연스럽게 더 늘었다. 하지만 노동 강도도 높아졌다. 그렇다고 마냥 인력을 보강할 수도 없는 일이다. 한정된 점심 시간 즉 11시 30분부터 1시 30분까지의 2시간의 피크타임 안에서 일어나는 고충이기 때문이다.

서로서로 말을 안 해도 일손이 척척 맞을 때까지 삐걱대는 어려움도 있어서 비록 파트타임 인력이라고 해도 새 인력의 추가 배치는 무척이나 신경 쓰이고 어려운 문제다. 또 서로 적응할 만하면 개인 사정으로 그만두기 쉬운 아르바이트의 성격 상, 상시 긴장을 늦추지 못하며 장사를 하게 된다. 때문에 짧은 시간의 아르바이트 일이지만 시급을 높이고 점심 식사를 제공하는 등 가능하면 좀 더 오래 일할 수 있도록 배려하고 있다.

인력의 추가 배치에는 두 가지 어려움이 따른다. 언제 투입해야 할까와 원하는 시기에 사람을 구할 수 없다는 것. 투입 시기에 대해서는 3개월 정도의 점심 장사 내방객 수 추이를 살펴본 뒤 정했다. 그 전 3개월, 그러니까 6개월 전부터 꾸준히 오르는 손님 수에 주목하다가 일의 한계에 부딪힐 때가 자주 생기면서 3개월 평균 내방객 수가 120명 정도까지 되는 것을 보고 추가 인력 없이는 안 되겠다고 판단한 것이다. 미리 구하는 것도 좋겠지만 당연히 인건비 문제로 어렵기 때문이다.

5명이 일을 하게 되니 예상하지 못한 일들이 생겨났다. '팀워크'라든가 '소통'의 문제 등이 발생해 사람을 관리하는 일에 대해서 익히게 되었다. 작은 식당에서 1명 정도의 아르바이트나 직원을 두고 일하다가 몇 명이 함께 일하게 되니 또 다른 국면에 이르더라. 매상이라든가 일의 효율성… 그런 문제와는 다르게 일하는 사람들 사이에 문제가 생기지 않도록 누군가 조정해 주고 이야기 들어주는 역할이 필요했다. 여기서 나는 안주인의 역할 하나를 또 익히게 되었다. 보이지는 않지만 무척 중요한 일이라고 생각한다.

세 번째 문제는 잡다한 관리와 유지 보수의 일 역시 한층 늘어난다는 것이다.

쓰레기 관리나 전기설비 문제, 청소 문제, 위생 문제 등. 꼼꼼하게 챙기고 신경 써야 할 일들이 마구마구 늘어만 간다. 이럴 때 중요한 것은 오너 셰프의 자기 관리가 최우선이라고 생각한다. 매상이 늘어서 즐거울 것만 같지만, 고된 일에 치이지 않게 건강과 체력은 물론 정신력까지 관리해야 한다. 손님이 꾸준히 많으면 더 긴장하고 예민해져 있어서 사소한 것에 울컥 치미는 격한 감정 상태로 변하기 쉽다. 주로 아무 생각 없이 던지는 손님들의 가벼운 멘트나 행동에도 상처를 받더라.

그럴 때 옆에서 달래도 주고 얘기를 들어 주기도 했지만, 워낙 강도 높은 노동을 뜨거운 불 앞에서 할 때는 다른 사람의 말이 통하질 않는다. 오너 셰프 본인도 힘들어서 그런 문제이기 때문에 다르게 해결하려고 노력한다. 낮 장사를 시작하기 전에 간단하게 요기를 할 수 있도록 먹기 편한 바나나, 빵 등의 먹을거리를 오너 셰프 근처에 늘 갖다 놓는다. 당이 떨어지면 집중력과 감정이 흐트러지고, 감정이 흐트러지면 체력까지 무너지기 쉽다. 점심 장사만이 아니라 저녁 장사, 밤에 청소까지 마치고 올 때까지 기나긴 시간을 버티려면 집중력과 체력이 따라 줘야 한다. 그들의 어려움을 다 해결해 줄 순 없어도 조금은 달래지는 것 같다. 그러니, 오너 셰프와 직원들에게 간식을! 실제로 집중력 문제는 '당'과도 관련이 있다.

홀 서빙 인력들에게는 얼음이 든 음료를 권한다. 짬짬이 시간 날 때, 홀의 음료냉장고에서 탄산음료를 꺼내서 권한다. 손님들이 즐겁게 먹고 식당을 나가는 일이 3시간 안에 전쟁처럼 치러질 때 음식점에서 일하는 우리들은 비처럼 쏟아지는 땀과 함께 숨이 턱턱 막히기 일쑤이니까.

이렇듯 막상 꿈에 그리던 최고 매상이 연속되면 더 많은 일들이 전쟁처럼 연이어 터진다. 그런데, 그 정신없는 와중에 문제를 하나하나 해결해 나가다 보면 어느새 전투력이 급상승한 자신을 확인하게 될 것이다.

세무 관리, 어떻게 할까?

지금 대한민국에서 자영업을 한다는 것은 우리 부모님 세대들이 '점방'을 하던 때와는 차원이 다르다. 세무 관리 면에서 보면 코딱지만 한 식당을 열어도 마치 기업처럼 운영하게끔 만들어 놓았다. 그냥 음식만 잘하면 되겠지, 하면 큰 코 다친다. 10평 안 되는 작은 식당도 세무 당국에서는 '기업'처럼 보기 때문이다. 그렇게 세무 구조를 짜 놓은 듯하다.

세무에 관해서는 매년 법 제도 등이 변화하므로, 창업 전에 관련 서적 한 권 정도는 읽어 두는 것이 좋다. 음식점은 매출과 매입 구조가 단순한 편이어서 다른 자영업에 비해 조금만 신경 써서 정보를 익혀 두어도 도움이 된다.

보통 오픈 후 1년이 지나 간이과세자에서 일반과세자로 변경되는 순간 신경 써야 할 일들이 늘어난다. 기장의 의무를 지켜야 세금이 줄어들고, 직원이나 아르바이트 인력의 노무 관리까지 들어간다. 물론 많은 이들이 그러는 것처럼 세무사에게 위임하면 된다. 하지만 사장이라면 세무사에게 맡기는 일도 어떤 흐름으로 진행되는지, 꼼꼼히 챙겨야 한다.

〈2nd 키친〉으로 연신내에 첫 오픈을 했을 때는 한국외식업중앙회 지회에 맡겨서 종합소득세나 부가세 신고 등을 했고, 불광역 근처에 〈두번째 부엌〉을 열었을 때는 가까운 시장 안에 있는 세무사 사무실에 맡겨서 업무를 처리했다. 시장통이라 그랬는지, 두툼한 백지 공책에 매월 각종 영수증을 풀로 붙여 갖다 주면 알아서(?) 해줬다. 여기까지는 오너 셰프인 요리군이 맡아서 한 일이다.

중간 중간 내가 따로 하던 일과 맞물려 세금에 대한 의논을 하러 그 세무사 사무실에 두어 번 찾아간 일이 있었다. 세금도 세금이지만, 의료보험과 국민연금, 고용보험, 산재보험 등도 일일이 신경 써야 할 때가 바로 오픈하고 1년 뒤이므로, 따로 일하던 나와 남편의 수입에 대한 절세를 위해.

세무사는 한 번 정도 만났고, 보통은 실장이라는 사람이 상담을 많이 해줬는데, 두 번째 점포를 정리할 때쯤 약간 우리를 우습게 생각하고 있다는 느낌을 받았다. 확장 이전을 위해 점포 정리를 하는데, 폐업에 관한 상담을 할 때였다. 그동안은 너무나 친절한 얼굴을 해서 그렇게 생각하지 못했는데 말이다. 아마도 옮겨 간 후에도 자기네 세무사 사무실을 계속 이용하게 하려던 것이었을 텐데, 아 믿을 만한 사람들이 아니구나 싶어서 폐업절차만 함께하고 Bye, Bye!

그 세무사는 나라에서 상도 많이 탔더라. 우리끼리 한 말이 "우리 편이 아니었어~". 어쩌면 당연한 일인데. 자영업자들 세금을 잘 내게 만들어 상까지 탔을 정도니.

폐업을 할 때도 신경 써서 세금 관련 일들을 깔끔히 정리해야 다음에 새로 점포를 낼 때 유용하다. 부가세나 종합소득세는 전년도의 것을 처리하게 되므로, 식당을 새로 하든 안 하든 다음 해까지 발목을 잡는다. 그러니 폐업의 괴로움에 치여서 세무처리를 안 하면, 본인만 손해.

두 번째 식당을 할 때부터 세금에 대해서 모르는 것들이 너무 많다고 느껴 학원 경영을 15년 한 후배에게 곧잘 전화를 걸어 이것저것 물어봤다. 경영을 잘하는 것 같아서였는데, 그런 후배도 세무사를 3번이나 바꾼 이야기를 해줬다. 정말 꼼꼼하게 일처리는 하는 능력 있는 후배인데, 담당 세무사 사무실 실장이 실수해서 1000만 원대의 가산세를 냈다는 얘기. 그 후로 본인이 사방팔방 알아보고 배워서 맘에 드는 세무사를 찾아냈다고. 나야 그냥 그 좋은(?) 세무사를 소개받아서 현재 세무 관리를 위임하고 있는데, 아닌 말로 "우리 편이야~"라고 느끼게 해준다.

사실은 세 번째 오픈을 위해 사업자등록을 내기 전부터 그 세무사와 많은 것을 의논했다. 남편이 주방에 전념하도록 대표자가 신경 써야 할 일이 있으면 내가 대외적인 일을 하려고 부

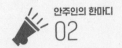
부 공동사업자로 등록하고 싶었기 때문이다. 여기에 내가 부가적으로 하던 출판 관련 일도 사업자등록을 할 때 넣으면 절세 혜택이 좀 있을까 싶어서. 참고로, 부부가 공동사업자로 등록하려면 점포의 임대계약부터 공동명의로 계약을 해야 한다. 당연히 의료보험도 2명이 따로 내야 하는 등 일종의 동업 형태로 간주한다.

이 세무사는 처음부터 모든 일처리를 온라인으로 할 수 있도록 세팅해 줬다. 인터넷 홈텍스에 들어가서 그 세무사 사무실로 위임을 걸어 놓으면서 시작되었다. 홈텍스에 사업자용 신용카드를 등록해 놓고 식당 관련 지출은 되도록 모두 카드들을 이용한다. 시장에서 조금씩 구입하는 간이영수증이 나오는 지출만 빼놓고.

그리고 나니 첫 해에 부가세 신고를 할 때 어찌나 편하던지. 포털 사이트를 검색해서 내가 혼자서 신고해 볼까도 싶었지만, 꾸준히 묻고 배우고 의논할 전문가가 있다는 든든함으로 계속 의뢰하고 있다. 게다가 세 번째 식당을 오픈한 후, 첫 종합소득세를 낼 때부터 지속적으로 너무나 만족할 만한 결과를 얻었다. 이후 '노무 관리'도 꽤 자세히 의논해 주고 답을 주는 등의 모습을 통해 '우리 편'이라고 느꼈다면 착각일까?

첫 번째 부가세 신고 이후에는 재료 매입시 세금계산서와 간이영수증 비율을 제대로 챙기지 않으면 세금이 얼마나 더 나올지 예측해 주며, 매입 패턴의 변화도 이끌어 줬다. 덕분에 오너 셰프의 발로 뛰는 장보기의 고단함을 줄이게 되었다. 세금계산서를 받을 수 있는 식자재 거래처를 더 많이 이용하게 된 것이다. 재료비 줄이는 노력으로 해온 고단한 아침 장보기가 오히려 매입 세금계산서를 부족하게 만들었던 배경이었고, 세금을 줄일 수 있으니 재료비를 조금 더 내도 결과적으로는 요리군의 수고를 덜게 되어 좋았다.

이 세무사 덕분에 내가 하는 일이 더 늘었다. 매월 혼자 멋대로 하던 매출 정리와 근로자 근무

일 신고 등, 회사 조직으로 치면 총무부나 경리부에서 할 일들을 체계적으로 하게 되었다는 점이다. 결론은 사장으로서 미숙한 나를 가르쳐 주고 동반자처럼 함께 성장할 만한 세무사를 찾아내는 것이 최선이고, 이를 통해 오너나 안주인이 함께 성장해야 한다.

하지만, 앞서 언급한 후배에 따르면 세무사들도 해본 분야밖에 몰라서 자꾸 우리 쪽 문제와 대응책을 제안해 줘야 능동적으로 일하고 제대로 처리한단다. 직원이 늘어나면 노무 관리의 시작인 4대 보험도 들어야 하는데 요즘은 세무사들이 이 사안도 함께 관리해 준다.

사업을 할 때 명심해야 할 것 가운데 하나는 버는 것만큼 절약하는 법을 익히는 것이다. 자칫 앞으로 남고 뒤로 밑질 수 있기 때문이다. 그 가운데 하나가 세금 문제다. 전담 세무사가 있다면 적극적으로 논의하여 절세 방법을 찾아야 한다.

CHAPTER 3

식
당
홍
보,
SNS
마
케
팅
시
대

작은 식당이라서 더 필요한 홍보하기

"음식 만들기와 운영도 벅찬데 홍보를?" 하고 반문하는 사람이 있을지도 모르겠다. 작은 식당에서 할 수 있는 마케팅이라는 게 무엇이 있을까? 고전적인 방법으로는 개업을 알리는 전단지(찌라시)를 만들어 나눠 주는 것. 대로변에 자리 잡은 대형 점포라면 요란스럽게 도우미들을 불러 음악을 틀기도 하고, 길 가는 사람들에게 경품을 나눠 주는 방법도 있다. 그렇지만 그것이 어울리는 업종은 따로 있는 것 같다. 전단지 하면 떠오르는 업종들, 냉장고의 자석이나 부엌에 붙여둘 만한 스티커 전단지들이 필요한 업종 말이다.

작은 밥집에 그것이 과연 어울릴까? 전단지를 한 번이라도 볼 확률은 0.3%밖에 안 된다는 조사결과가 있다. 그렇다면 그것을 보고 찾아가는 이는 또 얼마나 적겠는가? 물론 식당의 위치라든가 크기에 따라 전단지가 유용할 때도 있다. 그러나 첫 번째와 두 번째 점포를 오픈할 때는 그런 뜨내기 손님들이 올 것 같지 않아서 오프라인 홍보는 아예 하지 않았다.

대신 첫 식당 때부터 오래 전부터 이용하던 블로그를 네이버에 개설했다. 아무래도 전직이 기록하는 일과 무관하지는 않았기에 가능했지만, 식당을 만드는 과정부터 가게의 역사를 기록해 두고 싶기도 했다. 개인적으로 블로그를 이용한 지는 정말 오래되었지만, 식당을 열면서 느끼는 특별한 일상을 일기처럼 남기고 싶었다. 사적인 기록이나마 추억의 앨범을 정리하듯, 우리의 흔적을 남기기 위해 시작한 블로그.

어떤 분야건 다른 창업 준비자들에게도 자주 권하는 것이 창업의 과정을 기록하라는 것이다. 어느 날 그 기록이 쌓이고 쌓여 역사가 되어 힘을 발휘해 줄 것이라고. 이런 추세를 잘 파악하고 대응하는 가게들은 초기에도 쉽게 자리를 잡는다. 아무래도 거대 상권이나 핵심 상권, 그리고 유행에 민감한 상권의 가게들이 그런 것 같다.

작은 식당이라고 못할 것은 없다. 어떻게든 이것도 식당을 위한 일이라고 생각하고 도전해 보자. 그 결과는 반드시 열매 맺는다. 해본 사람은 다 안다!

인터넷이나 SNS를 이용한 식당의 홍보 방법은 지난 10년 동안 변화무쌍하게 발전해 왔다. 누구나 알다시피 인터넷의 발달에 이어 스마트폰의 폭발적인 확산으로 가능해진 일이다. 겨우 작은 식당 하나 운영하는 우리라고 해서 그 영향권에서 빗겨나 있지 않다. 광고대행사들은 또 얼마나 많은가?

SNS를 이용한 홍보는 점포 계약 후 식당을 여는 '준비기'부터 시작하면 좋다. 인테리어와 각종 설비, 메뉴 준비를 할 때의 고민과 노력을 남겨 놓는 것이다. 그리고 개업 후 오픈발이 사그라들면서 진짜 손님들로 차츰 채워질 여유기에 차근차근 활용해 보자.

서울 연신내 전철역 부근에 〈2nd 키친〉이라는 첫 식당을 열었을 때, 내 입장에서는 막 전직(轉職)한 사람의 생소한 느낌과 경험이 많아 이런저런 쓸 이야기가 많았다. 원래 내가 마음 맞는 사람을 만나면 꽤나 수다쟁이인데, 식당을 하고 많은 이들을 무작위로 대하게 되니 사적인 만남이 줄어들 무렵이라 하루하루 식당 일의 스트레스를 블로그에 털어낸 것이다. 그렇게 이런저런 이야기로 블로그를 채워 나갔고, 덕분에 우리 식당을 동네에 알리는 역할을 톡톡히 했다.

〈두번째 부엌〉의 블로그에는 식당을 홍보하는 내용은 사실 적다. 공지사항 정도로 분류할 식당 정보만 올려놓고, 식당을 하는 나와 요리군 이야기…, 그 무대가 되는 '두번째 부엌 이야기'를 테마로 블로그에 수다를 떨기 시작했다. 식당 운영이란 있는 그대로의 모습으로 낯선 타인과 마주해야 하는 일인데, 원래 성격상 잘 꾸미지 못하고 애교도 없는 솔직할 뿐인 스타일이라 블로그 역시 그런 감각으로 시작했다. 진솔하게 보여 주기, 일단 블로그에 임하는 태도는 그랬다.

연신내에 첫 식당을 오픈하기 전부터 블로그를 개설한 다음, 아직 한가하던 식당 초기에 이런저런 이야기를 블로그에 담기 시작했다.

사람들은 '스토리'를 좋아한다

바야흐로 스토리의 시대. 사람들은 이야기를 좋아한다. 나 역시 그렇다. 소설뿐만 아니라 성공한 이들에게서도 그 사람만의 드라마를 읽고 싶어 하는 것처럼, 요즘은 요리를 하는 셰프들에게도 인생 역전 스토리를 읽고 싶어 한다. 식당을 연 지 10년이 되어 가는 사이 요리사가 각종 매스컴 전면에 등장하기도 했고, 개성파 셰프들은 연예인 뺨치게 재능을 뽐내는 시대가 되었다.

　맛있는 음식을 먹는데 왜 요리사의 살아 온 내력이 궁금한지 모르겠지만, 이제는 식당 내력과 음식에 얽힌 이야기까지 '먹고' 소비하는 시대로 바뀌었다. 가만히 보면 방송 프로그램 안에 음식과 식당이 거의 빠지지 않을 정도다. 스마트폰 속 포털 사이트나 각종 앱을 봐도 '음식'과 관련된 콘텐츠가 어마어마하다.

　이런 배경 속에서 식당 운영자가 할 수 있는 SNS 홍보는 무엇이 있을까? 요즘은 소비자, 즉 손님들이 해주는 입소문 홍보가 인스타그램으로 확산되는 것과는 달리 우리가 발신하는 홍보 콘텐츠는 자신의 이야기가 대세다. 창업에 관한 이야기나 식당 운영, 음식점을 하는 삶의 이야기들이 바로 특별한 읽을거리가 되어 준다. 남의 이야기가 아니라 자신의 경험을 진솔하게 풀어 내는 이야기라면 더욱더!

　솔직히 평범한 사람들, 손님들은 식당을 운영하는 사람들의 삶을 잘 모른다. 손님의 세계에서 경험한 식당 경영자들의 모습이 전부다. 아니면 그냥 장사치로만 보거나. 하지만 지금이 어떤 시대인가? 청년 실업뿐만 아니라 중장년의 실업률도 높아서 인생 2라운드를 다시 써야 하는 시대가 아닌가? 그만큼 창업을 통해 자영업자들이 많아졌고, 중년 이후의 직장인들 중 많은 이들이 자영업자로 바뀔 가능성이 큰 시대가 되었다. 각종 TV 프로그램에서 '식당 창업'이 예능의 소재로 각광받고 있을 정도니 말 다했다.

물론 글쓰기가 그리 쉬운 일은 아니다. 하지만 인생 후반전을 시작하는 이들이라면 전반전의 경륜과 지혜 역시 만만치 않은 세월일 것이다. 이를 블로그에 잘 녹여서 지나온 삶을 정리하고, 이를 밑천으로 새로운 라운드에 도전하는 기록 자체가 누구에게나 힘을 주는 공감 어린 이야기들이 될 것이다. 열심히 하는 만큼 당신을 알아보는 혹은 당신과 코드가 맞는 사람들이 하나 둘 이웃으로 맺어진다. 그리고 인생 후반전의 진짜 이웃, 친구로 탈바꿈하기도 한다. 그들과 함께 우리가 살아 온 이야기를 나누다 보면 어느새 식당에 오는 손님들도 그러한 이야깃거리가 있는

주인장들에게 호감을 갖게 되고, 그쯤 되면 후미진 골목의 작은 식당이지만 그저 그런 식당으로 끝나지 않을 가능성을 잉태한다.

지역에 내 식당을 알리려면? - 길거리 홍보

실제로 주변에 식당을 직접 알릴 수 있는 방법은 무엇이 있을까? 자신의 식당을 지도의 중심에 두고 반경 1km 정도의 거리 안에 홍보물을(전단지 말고) 배포하는 것이다. 〈두번째 부엌〉의 경우 가까운 거리에 동대문구청 과 홈플러스, 용두공원이라는 3개의 랜드마크가 있다. 오픈 때부터 봐 두 었는데, 동대문구청 후문 쪽에 용두문화복지센터도 그새 개장했다. 여기 까지 포함하면 4군데의 홍보 포인트가 있다. 그래서 처음부터 문화복지 센터 쪽에 대한 홍보 전략도 함께 세워 놨다.

개업을 하고 한 일주일이 지났을 무렵부터 3곳의 스폿에 나가서 직접 식당 홍보를 했다. 이를 위해서 홍보용으로 친환경 물티슈를 1000개 주 문 제작해 뒀다. 홍보물은 우리의 고객들이 가능하면 오래 지니고 있을 것들, 혹은 꼭 필요로 해서 받은 즉시 버리지 않을 것들로 선택하면 좋다. 물티슈는 남녀노소 불문하고 쓰임새가 많아 잘 받아 준다. 종이 한 장 주 는 전단지와 느낌부터 다르다.

〈두번째 부엌〉의 시그니처 컬러인 올리브그린이 없어서 비슷한 연두 색 포장지에 식당 간판과 동일한 로고를 인쇄했다. 여름이라면 부채 같은 것도 좋을 텐데, 물티슈가 사계절 무난하게 쓸 수 있어서 좋다.

사실은 오픈 전부터 일찌감치 돌려도 좋겠지만 할 일이 너무 많아서 그렇게까지는 못했다. 몇 개의 시간대별 요일별, 장소별 스케줄을 짜서 꼬박꼬박 물티슈를 나눠 주는 홍보를 해보자. 어린아이를 둔 부모님들이 지나가면 "친환경 물티슈 드릴 게요~"라는 멘트로 다가선다. 그리고 빠르게 머릿속에 정리해 둔 말을 전하는 것이다. "동대문구청 정문 옆 건물 2층에 새로 개업한 식당입니다" 정도만으로. 자신의 식당을 짧은 말로 설명하고 위치까지 알리는 말을 준비하자. 다가설 때의 멘트가 중요한데 "새로 개업한 식당인데요. 물티슈 하나 드릴게요~" 정도로 가볍게 접근하는 게 좋다. 이때 주의할 것 하나, 딱 보고 홍보를 위해 접근하는 걸 너무 싫어하면 예의 바르게 피해 주는 게 좋다. 공연히 억지로 나눠 주다 보면 식당의 이미지마저 나빠질 수 있다.

토요일에는 근처 직장의 손님들이 오지 않으므로, 식당 맞은편에 있는 용두공원이나 홈플러스 매장 입구, 또는 1층 매장 안까지 들어가(거긴 푸드 코트였다!) 물티슈를 나눠 줬다. 덕분에 토요일 손님들 중 가족 손님들을 우리 식당으로 인도할 수 있었다. 시간은 식사시간 한 시간쯤 전에 집중적으로 실시했다.

동대문구청에도 1층은 민원인들을 상대로 개방된 창구가 즐비하므로, 그곳에서 똑같은 방법으로 홍보했다. 대신 빠르게 멘트를 해치워야 한다. 귀찮아하거나 싫어하면 마이너스 이미지를 낳으므로 신경 써야 한다. 또한 구청 한 구석에 있는 우리은행도 빼놓지 않았다. 은행에 들어가 은행원들에게 일일이 물티슈를 내밀었다. 단, 업무에 방해되지 않도록 잠시 눈만 마주치고 조용히 자리에 놓고 왔다.

원래는 1년 내내 할 분량으로 물티슈를 주문해 놓았는데, 생각보다 빠르게 식당이 알려져서 굳이 돌아다니며 홍보하지 않아도 되었다. 대신 개업 초기 3개월 여 동안은 개업 선물로 활용했다. 처음 오신 듯한 손님이 발견되면, "물티슈 하나 받아 가세요" 하며 건넸는데, 홍보물의 위력은 놀

랍다. 굉장히 멀리 떨어진 어떤 동네에서도 이 물티슈가 발견되기도 하고, 그 동네 사람이 용두동 지인에게 "너네 동네, 이런 식당이 있더라?" 하며 되려 권해 주기도 하더란다. 남은 물티슈는 내방객들에게 손 닦는 용도로도 평소 나눠드리고 있다.

개업 초기에는 국수를 팔고 싶었기에 장년층이나 노년층 분들에게는 "사골 국수, 안동 국시집이 생겨서요. 인사로 물티슈 하나 드릴게요." 이런 식으로도 접근했다. 요즘이라면 "건강한 밥상과 돈가스가 있어요~"라고 하지 않았을까. 이처럼 홍보 멘트는 식당에 맞는 멘트와 파는 음식을 좋아할 만한 층에게 어떻게 짧은 말로 식당을 알릴 것인가 미리 준비해 놓는 것이 좋다. 그래야 떨지 않고 당당하게 말할 수 있다.

음식점을 시작하면 직장생활을 할 때와는 다르게 자신의 사회적 지위가 낮아짐을 현저하게 느낄 수 있는데, 길거리 홍보를 하면 더 그렇다. 노골적으로 접근을 싫어하는 눈빛과 마주하면 떨리기도 하고, 용기가 나지 않기도 한다. 그러나 몇 번 하고 나면 부끄럼도 차츰 사라지고, 홍보 실력도 늘어난다. 누가 시켜서 하면 정말이지 부끄럽고 용기가 안 나는 일인데, 기분 좋게 길거리 홍보를 하게 된다. 내 식당이니까, 바로 나를 위한 일이니까.

오픈 초기에는 손님이 많지 않아도 손볼 데도 많고 뭔가 할 일이 너무 많아서 미처 길거리 홍보를 계획대로 할 수 없을 때가 많다. 그래도 짬짬이 해보면 반드시 결과가 있다. 정말 시간이 안 날 때는 바로 식당 앞에서 홍보물을 나눠 주는 것도 방법이다. 우리 식당은 2층이라 더 많이 알려야하는 애로가 있었는데, 다행히 식당 앞이 대로변이고 통행량이 많아서 멀리 나가지 못할 때는 오후 3~4시경에 식당 앞에 나가 홍보를 했다. 별 것 아닌 것 같았지만, 꾸준히 했더니 효과가 있었다. 식당 앞 도로에는 버스 중앙차선의 정거장도 있어서 여기도 꼬박꼬박 나가서 버스를 기다리는 손님들에게 물티슈를 나눠드렸다. 식당 쪽을 가리키며 "저기에 식당이 개업했어요" 하면서.

이런 길거리 홍보도 대략 1년은 꾸준히 해야 좋다고들 한다. 사람들에게 잊혀지지 않도록 계속 주입하는 것이 효과적인 방법이다. 저기에 맛있는 식당이 있다고 반복적으로 알림으로써 자연스럽게 손님을 유도할 수 있기 때문이다. 개업발이 떨어지고 식당에 손님이 없다고 한탄하기보다는 당장 일어나서 홍보해 보자. 당당하고 자신 있게 권하면 손님들도 뭔가 기대를 하게 되고 좋은 이미지를 받는다. 단, 홍보하러 나갈 때는 외모나 차림새를 잘 점검하고 나간다. 홍보하는 사람의 이미지가 식당의 이미지가 될 수 있기 때문이다.

물티슈는 10매짜리로 제작했다. 보통 5매짜리로 많이 하는데, 좀 더 오래 휴대하게 하려고 가격은 높지만 10매로 선택했다.

홍보물은 직접 전달하는 게 효과적이다. 내 가게를 직접 선전하는 것과 전단지 아르바이트 하는 사람들이 나눠주는 것과는 하늘과 땅의 차이가 난다. 그건 손님들도 홍보물을 받을 때 알아본다. 신뢰감 있는 차림새와 단정한 외모를 점검하고 식당을 알리기 위한 노력을 1년간 계속해 보자.

〈두번째 부엌〉 물티슈는 같은 건물 1층에 있는 카페에도 넉넉히 전달해 손님들께 나눠 주기를 부탁했다. 카페 손님들이 밖에 있다가 실내에 들어왔을 때 손을 한 번 닦고 싶을 때도 있을 것이므로. 1층 카페에 비치해 보니 그 카페와 우리 식당의 손님층이 거의 일치했다. 그래서 이후 협업할 수 있는 다른 이벤트도 만들어 낼 수 있었다. 카페는 아무래도 식후에 많이 갈 것이므로, 〈두번째 부엌〉에서 식사를 하고 영수증을 받아오면 아메리카노를 할인해 주는 이벤트를 하고 있다.

물티슈를 매개로 홍보물을 나눠 주면서 얻은 게 또 하나 있다. 상권에 대한 이해가 부족했던 것이다. 내 경우, 식당 근처에 대한 분석을 별로 못하고 요리군의 설명과 판단을 믿고 객관적으로 좋은 자리겠다며 식당 이전에 찬성했다. 그렇지만 막상 개업을 하고 보니 동네에 대해서 몰라도 너무 몰랐다는 걸 깨달았다. 시작할 때 음식 메뉴를 좀 잘못 선정한 탓도 있지만, 워낙 모르는 동네로 이전해 와서 1층도 아닌 매상이 1/3로 뚝 떨어진다는 2층에 오픈했기에.

그런데 홍보물을 나눠 주면서 이 동네에는 어떤 사람들이 어떻게 움직이며 살아가고 있는지 정확하게 알 수 있었다. 멀리 청계천변 상권의 배후지로 의류를 재봉하는 가내수공 업체나 포장지 업체, 자동차정비 업체, 소방 관련 업체 등 다양한 자영업자들이 점포 건물 뒤와 옆으로 즐비했다. 이밖에도 길을 두 번 건너면 서울시설관리공단이 있는데, 나중에는 여기서도 손님들이 와주셨다. 직장인들이 점심 식사를 할 때 찻길을 한 번 이상은 건너지 않을 것이라고 생각했는데, 주변에 워낙에 믿을 만한 밥집이 없다 보니 2번, 3번도 건너서 와주었다.

이러한 구체적인 고객층을 확인하는 것도 길거리 홍보를 통해서 가능 했다. 이를 통해 자신 있게 음식 종목을 바꿀 수 있었다. 초기의 시행착오 를 극복하고서.

식당 옆 동대문구청에 홍보하러 나갔을 때, 구청 직원들이 메뉴판 같은 홍보물을 원했다. 포장주문이 가능해진 때에 맞춰 식당 명함 겸 메뉴판(shop card)을 제작해 그런 손님들을 위해 함께 나눠 주기도 했다.

온라인 홍보는 어떤 매체가 적당할까?

2009년 연신내에 〈2nd 키친〉을 처음 열 때는 지금처럼 음식 리뷰문화가 발달하지 않았다. 지금은 세월이 격변해 각종 매체들의 등장으로 어떤 것을 온라인 홍보매체로 삼을지도 난감할 지경이다. 중요한 것은 어느 매체를 직접 관리할 수 있느냐 하는 것인데, 식당을 경영하고 홍보하는 사람의 취향이나 자신의 음식 종목과도 관련이 있을 것이다.

사진을 찍어서 잘 나올 수 있는 예쁜 음식을 팔고 있다면 현재 대세인 인스타그램이 적당할 것이고, 그렇지 않다면 다른 매체를 선택할 수도 있다. 〈두번째 부엌〉은 네이버 블로그를 운영하고 있고, 개인적으로는 페이스북과 트위터, 인스타그램을 다 사용하고 있다. 각각의 매체별로 이용상의 특징이 있는데, 자신에게 혹은 자신이 운영하는 음식점에 맞는 것이 무엇인가를 아는 것이 중요하다. 참고로 한 기사에 따르면 현재(2018년 7월 기준) 가장 많이 이용하는 SNS는 페이스북이라고 한다. 그 다음으로 카카오스토리와 인스타그램을 많이 이용한다고 한다.

〈두번째 부엌〉의 공식적인 홍보매체는 네이버 블로그다. '공식적'이라고 표현하는 것은 네이버가 아직까지는 내가 사용하기에는 인터페이스가 편리해서 식당의 주요 공지사항과 식당을 하는 요리군과 나에 대한 이야기까지 포괄해서 담아내는 매체이기 때문이다.

페이스북은 네이버의 편리함에 익숙해진 나머지 정보를 구분해서 올리기에는 좀 불편해서 처음에 전략적으로 사용해 볼까 하다가 그냥 편하게 사적으로만 이용하고 있다. 페이스북이 아무리 대세라고는 하지만, 페이스북은 좀 사회적이랄까 시사적이고 정치적인 주장과 글, 그리고 긴 글들이 주를 이룬다. 거기에 멋진 사진과 글, 구성으로 식당을 알릴 만한 필력, 편집력이 없다면 별로 권하고 싶지 않다.

친척 어른 중에 오랜 세월 아주 큰 음식점을 운영하고 계신 분이 가게를 알릴 요량으로 페이스북을 사용하시는 것을 봤다. 온라인 홍보를 처음 하시는 분이 가족사진이나 여행 사진만 덜렁 올려놓다가 갑자기 음식점 이벤트 이미지 파일을 올려놓으셨다. 효과가 있을까? 페친은 주로 친척들이었는데?

물론 차근차근 연습하고 꾸준히 사용해 봐도 좋지만, SNS에 익숙하지 않은 사람들이라면 네이버처럼 편집도 가능하고 세련된 꾸미기가 가능한 '블로그' 형식이 더 낫지 않을까 싶다. 네이버를 딱히 두둔하거나 홍보하고 싶지는 않지만, 우리나라 광고시장에서는 이미 거인이 되어 버렸으므로. 대개의 자영업자, 사업자들이 이곳에 광고하고 있다는 것은 수요자들의 검증도 되어 있다는 뜻이므로.

하지만 네이버는 '검색'을 통해서만 알려지는 단점이 있다. 정확한 타깃에 직접적인 '노출'을 원한다면 당연히 페이스북이 좋을 것이다. 페이스북을 이용한 날고 기는 광고대행사들도 많으므로, 적당한 비용을 쓸 경우 단기적인 매출 증진 효과도 있다고 한다.

네이버 지도 정보의 경우, 예전에는 일일이 식당 정보를 등록해서 정보를 올리고 편집해야 했지만, 이제는 거의 자동으로 올라간다. 포털 사이트별로 지도 정보에 공을 들이고 있는 바, 오픈 후 반년쯤 지나니 어느새 네이버 지도 속 정보에 들어가 있는 것을 보았다. 용두동으로 이전하기 전의 불광역 근처 식당과 현재의 식당 정보가 이중으로 떠 있길래 수정을 요청해서 바로 잡는 정도만 했다.

뭐 엄청난 대박집이거나 대중 매체에 자주 소개되었다면 사람들의 후기도 따라 붙겠지만, 아직은 2년차 식당이라 내가 나서서 정보를 정리해 보냈다. 간판 사진이나 메뉴판, 내부 전경 등의 사진을 네이버에 보내 주면 네이버 페이로 전환되는 포인트까지 준다.

네이버에 블로그를 개설한 지 10년이 넘다 보니, 같은 이름의 가게가 다른 지역에도 있다. 하지만 네이버에서 검색하면 우리 식당이 더 위에 뜬다. 가끔씩 검색해 보고 잘못된 정보가 있으면 네이버에 요청해 수정하는 정도로도 관리 가능하다.

SNS, 지혜롭게 운영하지 않으면…

블로그는 초기의 순수성을 잃고 상업화된 것이 사실이다. 우리가 하자는 블로그 마케팅도 알고 보면 상업적인 것 맞다. 그렇다면 상업적인 블로그에 그치지 않기 위해 필요한 것은 뭘까? 과연 블로그를 어떻게 만들고 관리하면 좋을까?

〈2nd 키친〉을 처음 열었을 때 블로그를 운영하기 시작하니 '블로그 마케팅' 전문업체들이 자주 이웃을 맺거나 접근해 왔다. 지금도 얼마를 줄 테니 팔라는 요청을 자주 듣는다. 하지만 식당은 오프라인, 실제 공간에 엄연히 존재하는 것이니 얕은 꼼수나 요령은 통하지 않는다. 상업적인 파워 블로그들을 따라할 필요도 없다.

우리 식당 책이 막 나왔을 때의 일이다. 다른 저자의 책 구성을 도와준 일이 있는데, 마케팅을 전공한 그분이 우리 책을 읽고 한 말은 '스토리텔링 마케팅'을 잘했다는 것. 이처럼 요즘 한창 인기 있는 '창업' 관련 예능들처럼 차라리 '식당을 운영하는 나' 또는 '식당 운영과 관련한 이야기' 등이 블로그 소재로 더 적합할 것 같다. 많은 사람들이 음식점에서 음식을 먹지만, 주방 뒤의 모습이나 이야기는 어떨까 궁금해 한다. 수많은 이들이 '맛집' 블로거를 자처하고 사방 천지에 음식평론가가 즐비한 요즘, 음식 그 자체보다 음식 뒤에 있는 혹은 음식을 둘러싼 '이야기'가 더 참신하다.

'이야기'를 특별히 만들어 내라는 것은 아니고 자신만의 이야기를 풀어 내는 것이 좋다는 뜻이다. 음식점을 운영하는 나의 취미, 나의 생각,

읽은 책, 가게가 있는 동네의 변화 이야기 등등. 동네 사람들이 궁금해 할 만한 것들도 좋겠다. 여기서 중요한 것은 '꼬박꼬박 기록하는 것.'

당장 블로그나 인스타그램을 열었다고 해서 그것이 식당 매출과 직결되는 것은 아니다. 그저 그런 음식점으로 끝나지 않을 우리 식당만의 역사를 기록해 두는 의미가 어쩌면 더 크다. 그러나 개업 초창기 몇 년간은 남들이 우리 식당의 평이나 후기를 포털이나 각종 매체에 올려주기 전까진 내가 기록해 올려놓은 정보들도 검색 결과에 반영되기에 나름 효과를 발휘한다. 그리고 때로는 자신과 식당의 과거와 현재를 들춰 보는 재미도 있으며 이를 통해 더 앞으로 나아갈 힘도 얻는다.

어떤 이야기건 꾸준히 올리다 보면 온라인상에서 사람들이 좋아하는 것, 재미있어 하는 이야기, 감동을 받는 코드에 대해서 차츰 알게 된다. 그리고 그런 생활 이야기를 써나가다 보니 이야기 나눔을 통해 우리의 삶도 조금은 즐거워졌다. 뭐든 혼자 하면 재미없으니까!

삼십대 후반에 첫 식당 오픈 후, 한 1년간은 하루하루가 새롭고 신기해서 사소한 에피소드, 유치하고 작은 이야기들도 블로그에 많이 올렸다. 가족 손님들 가운데 딸내미 꼬마가 우동 그릇에 남은 파로 예쁜 하트를 만들어 그릇 벽에 그림처럼 만들어 붙여놓았던 일이라든가 손님이 없을 때 찾아와 주던 검정 고양이 쿠로, 매일 저녁 산책 나오는 동네 강아지 슈가, 손님들게 받은 선물 이야기 등등. 그런 일기 같은 이야기를 올리면서 따뜻해진 마음을 동네 사람들과 블로그 이웃들과 나누며 소통할 수 있었다. 그리고 차츰 손님이 늘어갔다.

가끔은 동물 손님도 식당에 찾아온다. 첫 식당 때 날씨가 좋지 않은 날이면 밥 먹으러 들렀던 고양이 쿠로(우리가 붙인 이름).

블로그는 꼬박꼬박 올리는 횟수와 노출 빈도수에 따라 검색 결과가 뿌려진다. 내가 올리는 포스팅과 손님들이 올려 주는 포스팅 모두 빈도수가 잦을수록, 횟수가 많을수록 내가 검색되고 싶은 '키워드'의 결과로 뿌려지고 더 잘 노출된다. 그게 바로 기록의 힘이다.

그렇게 블로그는 마케팅적으로 검색의 힘을 발휘해 주기도 하지만, 식당이라는 좁은 공간에서 한정된 삶을 살아가야 하는 우리의 일상을 외부와 연결해 주는 통로가 되기도 한다. 그래서 일기 같은 수다에도 스트레스가 풀리는 것이다. 이 모든 것은 체험에 의해서만 이해되는 부분이므로 직접 운영하면서 지혜를 발휘하는 것이 좋다.

온라인상의 관계망도 리얼 스페이스의 인간관계와 다르지 않다고 생각한다. 진심으로 나를 열어놓았을 때 두려움이 없을 것이다. 블로그를 이용하는 특성 가운데 하나는 '자랑거리'를 기록하게 된다는 점이다. 그러다 보니 자의든 타의든 어느새 자신을 포장하고 꾸미게 되고, 그렇게 만들어진 온라인상의 나와 리얼 스페이스의 나 사이에 괴리감이 생기기도 한다.

그런데 식당을 가지고 있다면 그런 '포장'이나 꾸밈은 자제하라고 권하고 싶다. 온라인에 보이는 나 혹은 식당과 현실 세계의 모습이 일치해야 한다. 그런 기본을 갖추고 블로그 마케팅을 해야 문제가 생기지 않는다. 포장이란 언젠가 벗겨질 수 있는 것이고, 빠른 정보의 시대를 살아가는 현대에는 금세 탄로 나게 마련이다.

그러므로 혹여 블로그 운영상, 온라인 마케팅을 하다가 실수를 하게 되거나 문제가 생기면 솔직하게 문제점을 시인하고, 문제로 인해서 누군가가 피해를 입었다면 진심으로 사과해야 할 일이다. 이건 오프라인에서라면 당연한 일이니까. 온라인에서라고 다르지 않다. 그리고 우리는 가상의 온라인이 아니라 리얼 스페이스의 식당을 계속 운영해야 하는 사람들이니 말이다.

CHAPTER 4

매일 봐도 어려운 손님 대하기

손님을 대하는 기본자세

손님이 처음 식당 문을 열고 들어올 때 기대하는 것은 '아는 척'해 주는 인사다. 그러니 첫인사부터 친절함이 묻어나야 한다. 손님이 들어왔는지, 안 들어왔는지 의외로 무관심해 보이는 식당이 많다. 바쁠 땐 우리 역시 빨리 대응하지 못하긴 하지만 말이다. 우리처럼 작은 식당은 패스트푸드 체인점이나 유명 커피 체인점들의 서비스 방식을 종종 참고할 필요가 있다. 제대로 된 서빙 태도를 한 번도 배운 적이 없으니까.

손님에게 어떤 자세를 가져야 하는가, 어떤 방식으로 서빙을 해야 하는가에 대한 원칙이나 기준 없이 그저 잘해 주려고만 하다가는 며칠 못 간다. 한량없이 잘해 주기만 하다가는 오히려 마음의 상처를 입게 되는 일마저 있다.

그래서 식당 나름의 매뉴얼을 만들어서 개업 전부터 연습해 볼 것을 권한다. 오너나 요리사, 서빙 담당 모두 바쁘게 자신의 일에 집중하다가도 손님이 문을 밀고 들어오는 소리가 들리면 동작을 멈추고 "어서 오세요!"라고 소리 높이자. 그런 다음 자리로 안내하거나 따로 안내할 필요가 없을 정도의 작은 식당이라면 손님이 자리 잡는 것을 살핀 후 물을 가져다 줄 것. 또 잠시 시간을 두고 주문 받아 주방에 넘기기, 반찬을 내가는 타이밍 등 꼬박꼬박 순서를 익혀서 대응하는 것이 좋다. 그래야 허둥대지 않고 자연스럽게 일을 처리할 수 있기 때문이다.

2009년 첫 식당 때, 난생 처음 식당을 열고 서빙을 하게 된 나로서는 그런 것들을 머릿속에 하나 둘 줄 세워 놓고 그에 따라 움직이려고 노력했다. 그리고 자주 직원 교육이 잘된 패스트푸드 체인점과 유명 커피 체인점의 직원들 모습을 떠올렸다.

경쾌한 목소리 "어서 오세요!" 하는 인사말은 들어오는 이의 기분을 먼저 편안하게 바꿔 준다. 음식점에서 자주 일어나는 문제가 손님들이 '무시당했다'고 불쾌해 하는 일. 의외로 음식 값이 비싼 곳보다 싼 곳에서 더 자주 일어난다. 요즘엔 인터넷과 매체가 발달해서 그럴 땐 바로 악평이 올라간다. 그리고 그 악평은 결코 무시할 만한 것이 아니다. 잠재 고객을 막을 뿐만 아니라 식당을 운영하는 이들의 사기를 엄청나게 떨어트리고, 그 손님이 당한 불쾌감의 몇 십 배의 고통을 야기한다. 10년 넘게 명성을

5500만 원으로 작은 식당, 시작했습니다

쌓은 식당들도 끔찍한 악평에 시달리다 맛집 사이트 댓글 난에 경영자가 직접 등장해서 사과하고, 실상과 다르다고 해명하며 억울함을 호소하는 일을 많이 봤다.

우리도 이렇게 생각하고 장사를 하지만, 점심 장사 준비로 바쁠 때 영업시간 전부터 2층인 식당에 올라와서 재촉하는 눈빛을 보내는 손님들을 대할 때는 어쩔 수 없이 소홀해질 때도 많다. 내 맘 같지 않은 홀 담당자가 준비에 몰두하느라 무시당했다고 느껴서인지 훌쩍 나가 버리는 손님 또한 있다. 나라도 챙겼어야 하는데 놓쳐서 지금도 미안한 맘이 든다.

음식을 사 먹을 때 손님들이 기대하는 것은 '잘 대접받는 것' 같다. 그렇다고 뭐 큰 호사를 누리겠다는 것은 아니고, 자신이 지불하는 만큼의 정당한 대우일 것이다. 그 기대를 채우는 것은 손님 한 명 한 명의 존재를 잊지 않고 챙기는 데 있다. 너무 바빠서 일일이 다 챙기지 못할 상황이라면, 늦게 챙길 수밖에 없던 손님에게 이러저러한 이유로 늦어졌다고 설명해 주면 웬만한 사람이라면 다 날선 마음을 누르고 기분을 푼다. 그런 설명 없이 자신의 바쁜 일에만 몰두하고 음식 접시만 쓰윽 내미는 어리석음을 저지르지 말자.

역시 너무 바빠서 정신없을 때라도 계산을 마치고 나가는 손님에게는 잠시 일을 멈추고 밝은 목소리로 "감사합니다. 안녕히 가세요!"라고 소리 높여 인사하자. 기계처럼 성의 없이 내뱉는 인사와는 차원이 다르게 진심으로 말이다. 음식을 내가던 중에 사소한 문제라도 생기면 계산할 때 미안한 마음을 전하려고 노력하는 편이다. 실수라도 했을 때는 죄송한 마음에 탄산음료라도 갖다드린다.

손님 응대는 정신없이 바빠 손님을 보지 못한 경우가 아니라면 늘 손님에게 반갑게 응대한다. 한가할 때 다시 방문해 준 손님이라면 좀 더 친근한 인사도 나누고, 사는 얘기도 나누는 이웃처럼 지낸다. 그렇게 주고받는 진심은 바로바로 전해진다. 우리가 그런 자세로 인사를 할 때 손님들 역시 기분 좋은 목소리로 화답하기 때문이다. 밝게 주고받는 인사는 일하는 몸짓도 가볍게 만드는 힘이 있다. 홀 담당자들이 다른 일을 하느라 미처 들어오는 손님을 못 보면 홀과 주방에 위치한 나라도 큰 소리로 인사하는 것은 그래서다.

손님과의 적당한 거리 조절

누구라도 처음 서빙 일을 담당하게 되었다면, 손님과의 거리 조절에 대해 짚고 넘어갈 필요가 있다. 처음 식당을 열었을 때, 나야 우리 가게니까 굳이 스태프들에게 어설픈 '주인 의식'을 강요할 필요 없이 진심으로 서빙을 했다. 태생이 애교가 없는 편인데도 누구에게나 활짝 웃는 것은 기본이고, 아기 동반 손님이 오면 귀엽다고 말을 붙이는 등 아무튼 처음엔 친밀감을 주기 위해 무척 애를 썼다. 그런데 시간이 지나니 그게 꼭 필요한 것 같지 않았다.

적당한 거리 조절이 필요하다는 뜻이다. 손님이 불편한 점은 없는지, 원하는 것이 무엇인지에 대해서는 잘 살펴야 하지만 일부러 꾸밀 필요가진 없는 것 같다. 게다가 성격적으로 뒷받침되지도 않는 사람이 지나치게 상냥한 척하는 것은 손님들도 금세 알아챈다. 오히려 무뚝뚝해도 왠지 친절해 보이는 주인장이나 스태프들도 있지 않은가?

식사하러 온 손님이 가장 편하게 느끼는 스태프의 자세는 어떤 것일까? 손님들이 원하는 것은 정확하게 처리하되, 그 이외의 일에는 끼어들지 말아야 한다. 손님의 대화에도 귀를 닫아야 한다. 혹 그들이 나누는 대화가 들려도 못 들은 척, 편하게 식사를 할 수 있도록 배려하자. 가급적 스태프들끼리의 수다나 대화는 자제하고, 묵묵히 자신의 일에 집중하는 모습을 보여야 손님들로서도 신뢰가 간다.

이즈음에서야 깨달은 결론은 내 위치는 식당의 안주인으로서 조용히 '엄마 역할'을 하는 것. 그리고 손님들이 가장 필요로 하는 것은 '배려'뿐이라는 것. 혹여 당장 불편한 상황을 해결해 주지 못하더라도 그 불편함을 알고, 정말 미안하다며 곧 처리해 주겠다는 대응은 손님을 안심시킨다. 그리고 식당을 편하게 느낀다.

그런 연유로 가족이, 부부가 함께 시작하는 식당에서 안주인 역할은 분명 따로 있다. 일본에는 '오카미상おかみさん'이라고 부르는 가게 안주인 개념이 있다. 일본 드라마나 만화, 영화 등에 곧잘 등장하는데, 대표적인 것이 〈오센おせん〉이라는 옛 드라마다.

드라마의 큰 줄거리는 '한다 오센'이라는 23살의 여주인이 100년 전통의 요릿집을 이어받아 지휘하는 이야기. 그녀가 하는 일은 손님들의 마음을 살피고 요리사와 일하는 이들에게 필요한 자세 등을 일깨워 주는 것. 어린 나이에 요릿집을 물려받아 좌충우돌하는 모습도 많이 보이지만, 의젓한 오카미상의 역할은 이런 것이란 걸 잘 알려주는 드라마 캐릭터다.

부부가 함께 운영하는 음식점에서는 주방 쪽은 남편이, 홀 쪽은 아내가 맡는 경우가 많다. 대개의 경우 음식을 내가느라 서빙에만 집중하기 마련인데, 더 적극적으로 식당 전체를 아우르는 운영자의 모습이 필요하다. 요즘에야 식당으로 성공한 창업 스토리도 TV에서 심심치 않게 볼 수 있으니, 다른 식당의 여사장님의 모습에서도 본받을 얘기들이 많이 나온다. 반대의 경우, 아내 쪽이 요리를 하고 남편 쪽이 홀을 맡았을 경우에 앞에서 말한 역할이 부족한 식당을 종종 볼 수 있다. 남자 분이 홀을 맡더라도 요리사의 역할 이외의 부족한 부분은 더 채우도록 노력해야 할 것이다.

안주인이라는 역할을 스스로 부여했어도, 작은 식당에서는 서빙이 주라 일손이 모자라 서빙을 하는 대체 인력이라고만 생각하면 힘든 나날을 보내게 될 것이다. 식당을 함께 키워가면서 식당 안주인의 역할도 분명히 있다는 것을 깨닫고 스스로를 견인시켜야 발전이 있다. 그렇지 않으면 좁은 식당에서 가족이 함께 일할 경우, 계속 부딪히고 쉽게 지쳐갈 수 있다.

하루 종일 식당의 홀과 주방을 빙빙 돌고 있어도 밥을 판 지 10년이 되어 가니 이 속에 앉아서도 온 세상을 경험하고 있다는 것을 깨닫는다. 손님들이 식당에 들어와서 주문을 하고 밥을 먹고, 계산을 하고 나가는 일련의 행동 속에서도 그 사람의 성격과 인생이 보인다. 말씨와 태도에 깃든 마음까지 얼핏 엿볼 수 있다. 사람은 밥을 먹을 때 꾸미지 않은 원초적인 모습이 된다. 그러니 어쩌면 답답한 식당 안에서의 노동도 그러고 보면 작은 사회이자 우주로 치환된다.

그런 깨달음으로 터득한 태도가 '대범해지기'였다. 손님들은 주방과 홀을 이어주는 나에게 사실은 의지하고 있다. 나를 부리는 것이 아니라 나에게 의지해 자신이 원하는 것을 이루고 싶어 하는 것이다. 그러므로 손님들의 짜증이나 항의, 불편함의 호소는 내가 당연히 해결해 줘야 할 미션이다.

그런 반응들을 모아서 운영상 고칠 것들, 발전시킬 것들을 요리사인 오너, 남편에게 알려 준다. 어떤 문제는 어렵지 않게 해결되지만 어떤 때는 이야기를 하다 언성이 높아지기도 한다. 하지만 결국은 식당을 위한 일이기 때문에 잘 타협해 좋은 방향으로 끌고 간다. 그러면서 나 역시 많이 성장했다고 생각한다.

처음에는 신경을 건드리는 짜증스런 요구나 손님들의 비상식적인 행동들로 상처도 받고 스트레스도 컸지만 차츰 대범함을 키우며 내가 다 끌어안고 갈 것들이라고 생각을 바꿨다. 그러자 그들이 얼마나 불편할지, 무엇을 요구하는지 먼저 알아볼 수 있게 되었다. 덕분에 문제가 생기기 전에 미리 움직일 줄도 안다. 물론 식당이 더 커지고 스태프들이 더 많아 진다면 불가능할지도 모르지만, 그렇게 안주인 역시 자란다. 손님들을 통해서….

손님과의 거리 조절은 그렇게 처음에는 너무 가깝게 줄였다가, 좀 멀리하기도 했다. 그러나 요즘은 담담하게 바라볼 수 있는 적당한 거리로 조절되어 서로 편안해졌다. 서로 무심하고 자연스러운 분위기, 그게 편안한 식당을 만드는 안주인의 역할 중 최고가 아닐까?

손님으로 인해 다치지 마라

〈두번째 부엌〉이 규모를 조금 키워 동대문구청 옆으로 옮긴 후에는 손님의 직접 대응은 직원이 맡기 때문에 예전보다 손님과의 부딪힘은 많이 줄어들었다. 대신 홀에서 일이 생기면 함께 대응하거나 직원들이 겪는 손님의 문제를 함께 나누게 되었다.

손님이 늘어나 식당이 잘될 때는 좋기만 할 것 같지만, 결국 사람을 더 많이 상대하는 것이기 때문에 트러블 또한 많이 생긴다. 바빠서 손님을 미처 못 챙기거나 소홀하게 대했다고 느껴서 생기기도 하는데, 그럴 때면 손님만 속상한 게 아니라 직원들도 크게 상처받는다. 대개 상처란 큰일보다는 소소한 일들을 통해 받으며, 작은 상처들이 사람을 무척 울컥하게 만든다.

그럴 때 내가 자처한 역할은 이번엔 안주인이나 사장 마누라가 아니라 '동료'로서 마음을 달래 주려고 노력한다. 물론 직원들은 그렇게 느끼지 못했을 수도 있지만, 동료로서 함께 손님 욕을 하기도 한다. 내 사람이 먼저이니까. 우리는 매일, 하루 종일 계속 일해야 하니까.

손님으로 인해 다치면 안 된다. 나는 원래 무척 뒤끝이 있고 예민한 성격이었다. 하지만 내 위치상 홀에서 굳은 일을 하는 동료와 불 앞에서 고된 요리를 하는 오너 셰프를 보필해야 한다고 생각했다. 그래서 양쪽의 힘든 마음을 달래 주기 위해 하루의 노동으로 인한 감정의 찌꺼기는 그날그날 버리기로 마음을 바꿨다. 참는 것이 아니라 그냥 더 생각하지 않기로 말이다. 그렇게 먼저 나부터 변해야 했다.

요리사는 주문받은 것들로 인해 자주 스트레스를 받는다. 우리 한식은 너무 요구하는 것이 많다. 그게 집에서도 흔히 먹는 일상식이기 때문에 자신만을 위해 이렇게 저렇게 해달라는 요구가 의외로 많다. 돈가스류도 다르지 않다. 식당에서 정해진 스타일대로 내가면 자기만의 방식으로 소소하게 변경을 요구하는 사람들이 진짜 많다. 아니 그 요구가 적더라도 손님이 많을 때면, 주문받은 메뉴들을 빠르게 소화해 내고 싶은 요리사에게는 큰 스트레스다. 한번 감정적인 스트레스를 받으면 솔직히 조리작업의 흐름이 깨져서 욱 하고 터져 나오게 된다.

처음에는 요리사이자 사장이 남편이니까 하루 이틀도 아니고 뭐 저렇게 예민하게 반응하나 했다. 하지만 그 나름의 어려움을 어디 토로할 데도 없으니 그냥 허공을 향해 내지르는 것임을 이해하게 됐다. 본인도 그렇다기에 그냥 지켜봐 준다. 함께 욕도 해준다. 그리고 감정이 차분해졌을 때나 기분 좋을 때가 되어서야 조언을 한다. 그러지 말라기보다는 편들어 주는 것으로. 그렇게라도 해소하라고. 그러다 보니 본인도 서서히 담담해져 가더라.

식당 경영을 하면서 자주 겪는 일이니 무시하고 무던해지면 좋겠지만, 그게 하루 이틀 만에 득도할 수 있는 것이 아니다. 한식이니까 이 정도지, 중식당 주방은 욕설이 난무하는 전쟁터라고 들었다. 뜨거운 불 앞에서 일하는 사람의 어려움 때문이리라. 그래서인지 우리가 다른 음식점에 가게 되면, 정말 좋은 손님이려고 노력하는 버릇이 생겼다. 동종업계에 대한 이해심이랄까?

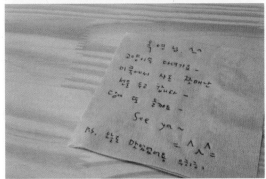

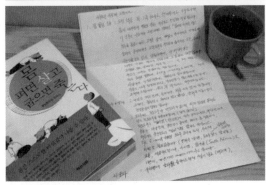

연신내 〈2nd 키친〉 시절 어느 꼬마 손님의 예쁜 짓 (?) 한 컷. 가끔은 손님들께 책 선물이나 편지까지 받았던 낭만적인 시절도 있었다.

진상 손님 vs 고마운 손님

10년 가까이 그리고 지금까지도 가장 많이 오는 손님의 연령대는 30대 전후다. 요리군의 음식은 깔끔한 맛 때문인지 젊은 층들이 좋아하는 편이다. 직장인들이 많은 동대문구청 옆으로 옮기고 나서는 20대~40대가 주류이고 50대 분들이 그 다음, 10대와 60대 이상 분들은 드물지만 종종 돈가스를 드시러 오시는 편이다.

이전 책에는 연령대별 손님별 특징을 재미있으라고 나열해 봤는데, 그 때는 돈가스만 주 종목으로 팔던 주택가 상권 은평구 연신내라는 곳을 기반으로 한 이야기였다. 블로그에 재미삼아 올렸던 글이 너무 인기가 있어서 넣었던 것인데, 지금 생각하면 좀 쑥스럽다. 그렇게 손님별 특징에 맞게 대응하려던 나름의 노력이랄까 애를 쓴 흔적이랄까….

지금은 내방객이 많다 보니 좀 주객이 전도되어 우리 스타일에 손님들이 적응해 나가는 것 같다. 그 이유는 식판 하나에 한 벌씩 개인만의 밥상처럼 내가기 때문에 테이블별로, 팀별로 내방한 손님들이라고 해도 그룹적인 특징보다는 개인적인 취향이 강하게 적용되기 때문이리라.

2009년 처음 식당을 열던 때로부터 시간이 많이 흘러 밥 먹는 것만 하더라도 개인적인 성향이 강조되는 시대가 되었다. 한국인 식탁의 특징처럼 반찬을 함께 집어먹는 차림을 지양하고, 개별적인 밥상을 차려 냈더니 그것이 어필되어서 인기도 모았다. 그러다 보니 대부분의 손님들은 비슷비슷한 패턴을 보이는데, 아기나 유아를 동반한 손님들이나 장년, 노년층 손님들 정도만 약간의 다른 특징을 보인다.

한편 진상 손님을 얘기하자면 여러 모로 까다로운 태도를 보이는 사람들이다. 식당마다 메뉴 주문을 받는 형식이라든가 결제 방식 등의 차이가 좀 있을 텐데, 뭐든 그 식당의 방식이 아닌 자신의 머릿속에서 생각한 방식대로 막무가내로 해달라는 사람들이 있다. 홀 매니저가 일차적으로 스트레스를 받고, 결국엔 요리사에게까지 여파가 전해진다.

우리끼리 하는 얘기로 정말 하나라도 더 주고 싶은 손님이 있는가 하면, 일반적인 매너도 다하기 싫은 아우라를 풍기는 손님도 있다. 이런저런 손님들을 대하다 보니 밥집 하면서 도를 닦는다는 얘기가 다 나온다.

원래 좀 예민한 손님들일 경우, 그래도 참을성 있게 우리만의 방식대로 최선을 다해 대하다 보면 서로 진심을 느끼게 되는 일도 있다. 오픈 후 매일같이 오면서 문을 밀고 들어올 때부터 온갖 짜증을 내던 중년 여자 손님이 있었는데, 네가 이기나 내가 이기나 보자며 정말 최선을 다해 웃으며 진심으로 대해 봤다. 나 역시 극복해야 할 일종의 시험처럼 일이 힘들어 진심이 메말랐을 때는 연기로라도 웃음을 지어 보냈다. 한두 달 지나자 진심이 통했는지, 이제는 늘 웃으며 식판까지 직접 퇴식구에 가져다주는 분이 되었다.

손님이 꾸준히 신경질적인 태도를 보이더라도 그것이 그저 그 사람의 특성일 뿐이라면, 영향받지 않고 우리가 할 바를 다하면 된다. 스트레스로 여기지 말고 흘리며, 다른 사람과 마찬가지의 서비스를 일관성 있게 보여 주는 것이 좋다. 그를 통해 나도 발전하며 손님들의 사소한 행동에 스트레스 받지 않는 강한 마음가짐으로 발전할 수도 있다.

요즘은 공무원을 비롯한 직장인 손님들 중 특이하게 영수증을 처리해 달라는 분들이 종종 있어서 요리군이 꽤 짜증을 내곤 한다. 저녁 장사를 보통 홀 매니저와 둘이서 하기 때문에 요리와 계산을 함께해 주다 보니 생긴 일이다. 며칠 전에 와서 먹은 밥값이랑 오늘 결제를 합쳐서 새로운 영수증으로 만들어 달라지를 않나, POS로 정산을 하고 있음에도 마음대로 금액을 부르며 그런 영수증을 만들어 달라는 손님이 있다. 지금은 영수증을 만들어 줄 수 있는 시대가 아니다. 게다가 술집도 아닌 밥집에서! 별 것 아닌 선에서라면 그렇게라도 우리 식당에서 먹고 싶어 하는 마음을 받아주려 애쓰지만, 그것도 자주면 곤란하다.

오너 셰프는 신경 쓸 일이 너무 많아서 일일이 대응할 변화무쌍한 것들에 짜증이 인다. 한창 바쁠 때인 점심 시간에는 계산하는 나 역시 분노가 치밀 정도니까. 흔히 술집에서 많이 하던 행동들을 밥집에 와서 요구하는 것인데, 어느 선까지 받아 줘야 할까? 늘 얘기하는 것이지만, 우리가 스트레스를 받지 않는 선까지다. 정중하고 단호하게 곤란하다고 표현하는 것이 좋지 않을까?

오너 셰프가 따로 요구하지도 않았는데, 성격상 손님들의 수많은 자잘하고 귀찮은 요구들을 다 들어주던 직원이 있었다. 그것들을 들어주느라 생기는 짜증을 자주 토로하곤 했는데, 그러면 나야 단호히 하지 말라고 대답하지만 자주 오는 손님인데 어떻게 하냐는 대답. 그것도 그 직원이 받아들일 수 있는 수준이라고 여기며 지켜만 봤다.

오히려 나에게 손님께 너무 단호하게 잘라 말하지 말라는 조언을 해서 많이 생각해 보니, 그 직원의 태도가 어쩌면 더 사장 마인드라는 생각이 들었다. 나와 남편은 좀 고지식해서 그렇게 딱 잘라서 태도를 보일 적이 있는데, 식당도 서비스업이다 보니 적당히 받아 주는 태도도 필요하다고 여겨 오히려 그 직원에게 배우기도 했다.

식당 운영자로서 이래야 한다, 저래야 한다는 룰은 없다. 손님을 대하는 태도 역시 그 식당을 보여 주는 정체성이고 문화이니까. 그것을 좋아하는 사람도 싫어하는 사람도 있을 수 있다. 그러나 너무 직선적인 태도는 버리는 것이 맞는 것 같다. 그래서 싫다, 안 된다고 잘라 얘기하기보다는 마치 일본인들의 화법처럼 '곤란하다' '어렵다' 정도로 바꿨다.

예를 들어 현재 우리 식당은 예약을 받지 않는데도 꾸준하게 매일 한 통 이상의 예약 전화가 온다. 예전에는 "저희는 예약을 받지 않습니다." "안 돼요!" 하던 표현을 요즘에는 "자리가 협소해서 예약이 어렵네요." "식당이 붐벼서 예약은 곤란합니다" 정도로 바꿔서 이야기한다. 물론 돌려서 이야기하는 것을 잘 못 알아듣는 분도 간혹 있지만, 우리 부부처럼 너무 말을 짧게 하는 운영자로 인해 오해하는 손님들이 있다면 그것도 문제일 것.

식당을 처음 열었던 10년 전에 비해 사람들이 많이 각박해지고, 이기적이 된 느낌이 많이 드는 요즘이다. 매일매일 만나는 식당의 일하는 사람들을 이웃처럼 느끼기보다는 갑을 관계로 보는 사람도 늘었다. 어쩔 땐 자영업을 하는 게 죄인가…라며 자조어린 말이 나올 만큼 심하다. 그럼에도 불구하고 맛있게 먹고 간다고 함박 웃고 가 주시는 손님들, 오늘도 식당에서 일하는 모든 이들에게 일일이 눈 맞추며 인사해 주고 가시는 단골손님들 덕분에 하루를 채울 기운을 얻는다. 진상 손님과 고맙고 반가운 단골손님은 그렇게 종이 한 장 차이일지도 모른다.

5500만 원으로 작은 식당, 시작했습니다

PART 3. 식당을 운영하는 법

식당 운영자로서 이래야 한다, 저래야 한다는 룰은 없다. 손님을 대하는 태도 역시 그 식

당을 보여 주는 정체성이고 문화이니까. 그것을 좋아하는 사람도 싫어하는 사람도 있을

수 있다. 그러나 너무 직선적인 태도는 버리는 것이 맞는 것 같다.

안주인의 역할 2 – 보살핌의 미덕

전문가처럼은 못해도 매월 월 총 경비와 총 매출을 장부에 정리하고, 비용이 높은 항목인 재료비의 추이를 메모해 놓는다. 오너 셰프 요리군도 나름대로 한 주간의 식단(오늘의 밥상)과 매일의 재료비를 알뜰하게 메모해 놓는 공책이 따로 있다. 요리군이 조리에 전념하느라 잘 챙기지 못하는 각종 세무 관련 일들을 정리하는 것은 새롭게 맡은 일이다. 수리 쪽은 약해도 기록이나 문서에 관해서는 강한 사람이라서 자처했다.

계산대에 POS가 설치되어 있으니 막간을 이용해 그날의 매상을 들여다보는 것은 사장님의 몫. 나는 매상 액수보다는 '내방객 수'에 주목한다. 오늘은 어제보다 얼마나 더, 혹은 덜 왔는지, 일주일간의 추이, 한 달간의 추이를 보는 편이다. 나무는 못 봐도 숲이 어떻게 확장되어 가는지를 보는 타입이랄까?

식당을 찾는 사람들의 패턴을 찾아내는 것은 참 어려운 일이지만, 가능한 수준 내에서 분석하려 애쓰는 편이다. 그것이 고스란히 경험이 되어 일에 대처하는 태도를 길러주므로. 식당 주변의 변화, 날씨, 주변의 행사, 매스컴의 영향 등등이 어떻게 식당 내방객 수에 영향을 미치는지 말이다.

각종 결제나 입금 등은 사장이 관리하지만, 이렇게 함께 크로스체크를 하니 식당의 성장을 더 잘 느낄 수 있다. 요리군이 '이익'을 관리한다면, 나는 '성장'이나 '발전 양상'을 체크한다고나 할까. 이익 관리라는 게 거창하지는 않다. 오너 셰프가 식단 짜기, 재료 구입과 장보기를 직접 하므로 변동 폭이 큰 한식의 재료비 관리를 칼같이 하는 편이다.

한편, 매일 주문 시 일어나는 소소한 트러블들은 영업시간 내내 요리사의 신경을 긁어놓게 마련인데, 그로 인해 날카로워진 감정을 내보일 때면 처음엔 잘 이해해 주지 못했다. 수십 년 하는 일인데, 매번 저렇게 화날까 싶어서.

아침에 출근해 〈두번째 부엌〉의 문을 밀고 올라서는 순간, 나는 오너 셰프의 아내가 아니다. 경험이 일천한데도 요리사의 보조 역할과 설거지, 계산 등 중요한 업무를 하고 있는 사람일 뿐이다. 그러니 일하는 모습도 답답할뿐더러 처음엔 큰 도움도 못 되었으리라. 그런 것을 잘 알아서 컵을 하나 닦아도 더 잘 닦기 위해 노력하게 되었다. 그러니 요리사의 마음을 헤아리는 것도 사실은 쉽지 않았을 것이다.

살림하던 주부들이 흔히 식당의 주방 일을 쉽게 생각할 수 있는데, 스케일이 더 크고 일의 양도 많고 또 정확성도 요해서 대범하게 해내야만 하는 특징이 있다. 1m쯤 되는 기다란 국자로 국 한 그릇을 풀 때도 움직임을 대범하고 시원시원하게 해야만 속도가 올라간다. 우물쭈물하다간 전체 흐름에 문제가 생긴다. 행동 하나하나를 정확하게 해내지 못하면 또 사고가 나기 쉬운 게 주방이다. 뜨거운 불과 물, 미끄러운 바닥 같은 환경에서는 빠르고 정확한 움직임을 요하기 때문이다.

『노포의 장사법』을 읽다가 일찍이 비슷한 경험을 거친 '안주인'들의 이야기가 참 가슴에 사무쳤다. 전혀 딴 일을 하다가 식당을 맡게 되어 처음 주방에 들어섰을 때, 함께 일하는 이들 (게다가 연배도 높은)의 무시와 텃새 등을 이겨내고 인정받기까지의 설움들. 무시와 텃새는 내가 아직 부족하기 때문에 일어나는 것 같다. 일단은 내가 하는 일에서 다른 이들보다 더 월등히 잘해야 할 것 같다. 그런 각오와 반성, 노력을 수없이 하며 일을 한다.

내 경우, 오너 셰프가 있으니 요리 쪽만 빼고 나머지 일들은 다 잘하는 사람이 되기 위해 애쓰고 있다. 화장실 청소부터 여름에 쉽게 들어오는 파리 잡는 일마저! 세스코에 방역을 맡겨 놓았음에도 여름이면 간혹 창가에 벌레들이 벽을 타고 들어오는 일이 있다. 나는 웬만한 일이나 문제가 생겨도 좀 대범하게 처리하는 편인데, 벌레만은 세상에서 가장 무서워(?)했다.

그럼에도 불구하고 처음으로 큰 벌레가 창문으로 날아들어 온 날, 덩치 큰 아저씨 손님이 꽥 소리 지르고 벌떡 일어나는 모습을 보고는 카운터에서 바람처럼 뛰쳐나가 전기 파리채로 단박에 해결했다는!

몇 다리 건너 들은 바로는 부부가 함께 고깃집을 운영하다가 결국엔 이혼까지 갔단다. 남편과 아내가 함께 일을 할 때 수많은 관계가 교직된다. 하나의 포지션만을 가진 관계도 힘든데, 여러 역할이 복잡하게 뒤섞이니 얼마나 힘들까? 그러니 많은 이들이 부부가 함께 일을 하면 안 된다고 하는 것이겠지. 그럴 수만 있다면 따로 일하는 것이 좋다. 어쩔 수 없이 같이 일을 해야 한다면, 부부 관계는 잊고 일의 역할과 능력을 보면서 관계를 재정립하는 것이 좋다. 더 많은 경력을 가진 이, 식당경영의 중심축인 사람을 우위에 두고 보통의 사회생활처럼 생각해 보면, 자신의 위치와 역할이 나온다.

남편이, 혹은 아내가 '어떻게 나한테 이럴 수 있어!'라는 식의 마음가짐을 가질 게 아니라 일터에서 상사에게 지적을 받았을 때나 내 스스로 일을 못 했을 때 자신을 낮추던 그런 자세 말이다. 처음부터 수평적이고 동지적 관계라면 또 상황은 다르겠지만.

그래서 식당의 안주인에게는 여러 캐릭터가 요구된다. 앞서 직원 한 명 몫 이상의 위치라고 설명한 것과 더불어 가정으로 돌아가면 자영업의 어려움을 헤쳐 나가는 남편의 내조도 필요하리라. 반대로 여사장, 혹은 여자 오너 셰프가 중심축이라면 남편에게도 그만큼의 외조가 요구된다.

또 다른 면으로는 직원들과의 소통, 손님들의 건의사항에 대한 문제해결 등도 도맡아 하게 되더라. 주방에만 갇혀 있는(?) 요리사도 안쓰럽지만, 식당 일의 특성 상 오랜 시간 실내에서 동동거리며 바쁘게 일을 하는 사람들의 어려움도 크기 때문이다. 특히나 홀의 업무는 수많은 사람을 상대해야 하는데, 당연히 감정노동도 많이 요구된다. 그러니 직원이 기분이 좋아야 손님들에게 기분 좋은 상태로 서비스를 할 수 있기 때문에, 가능하면 좋은 기분으로 일을 하도록 분위기를 이끈다. 그래야 안 좋은 기분도 툭툭 털고 계속 일을 할 수 있기 때문이다.

직원이 많은 식당들은 직원들끼리 반목하고 싸우기도 해서 오히려 사장이 고역을 치른다고도 한다. 식당이 잘되어도 마지막 고비랄까, 직원들 문제로 골머리를 썩는다는 게 많은 사장들의 애로사항이다.

그런데, 한 단위 내에서 그저 일이 너무 힘들어서 가족이나 구성원들이 극도로 감정적이 되었을 때, 진정시킨다거나 분별하거나 이해시키는 것만으로도 해결이 안 될 때가 있다. 『중년의 뇌』란 책에서 읽은 '늙은 할머니의 지혜'라는 말이 있는데, 늦둥이를 낳아 식당운영과 육아를 함께하는 것이 힘들어 시부모님과 합가를 하게 되면서 배운 것이 있다. 많은 친지와 가족들을 비롯해 동네 사람들까지 잘 받아 주고 감싸 안아 주시는 시어머님의 태도. 대가족의 삶, 장사꾼의 삶으로 오래 살다 보니 시시콜콜한 문제들을 다 따지고 살기 힘들었다며, 그런가 보다 하고 나를 욕하고 핀잔해도 묵묵히 받아들이고 넘기셨다는 마음가짐 말이다.

여기서 깨달아 적용한 것이 오너 셰프인 남편이나 직원, 일하는 이들이 격무에 시달려 감정이 격해졌을 때 일일이 대응하지 않게 된 것. 오히려 적극적으로 나서서 그들의 감정을 받아 안아 주게 되었다. 누군가 그렇게 받아 주면 극도로 치솟은 감정도 소멸되더라. 왜 그러느냐고, 맞서서 따지면 고조된 감정은 더 커져만 가고 갈등과 반목만 남는다.

식당을 운영하는 사람들의 삶은 어찌 보면 매일매일 똑같은 다람쥐 쳇바퀴 도는 삶과 같아서 그들의 애환 중 스트레스를 적극적으로 해소시키지 못하는 어려움이 있다. 그러니 왜, 이렇게밖에 못하느냐고 서로를 총질하기보다는 그래, 참 어렵다, 힘들었지, 라고 맞장구쳐 주고 위로해 주는 것이 서로를 일으켜 주는 지혜 같다.

자영업자로
산다는 것

장사의 재미, 발전하는 즐거움

40대 후반의 우리 부부, 식당을 한 지 어언 10년이 되었다. 이전의 직장생활과 사회생활에서 충분히 일의 어려움과 관계의 고충을 겪었다고 생각했지만 식당을 하면서 그 이상의 일들을 경험했다. 그러나 이런 경험은 쓸모없는 게 아니다. 나를 키우고 뚜벅뚜벅 나아가게 하는 힘이 되었다. 힘든 경험으로 인해 지쳐 쓰러질 수도 있지만, 발전 도상에서 나타나는 문제들은 극복 후 사람을 무척이나 성장하게 만든다. 그래서인지 늘 긴장을 늦추지 못하는 자영업자의 삶을 살아가면서도, 크게 겁나는 것이 없어졌다. 심지어 가게가 망해도 배움은 있다고 생각한다. 그 배움으로 또 무엇인가 할 수 있을 것이라는 자신감 같은 것이 쑥쑥 자라난다.

아마도 식당이 망할 때까지 버티지 않고 적당할 때 몇 번의 변신을 했기 때문일 듯. 이 책을 쓰고 있는 동안은 이렇게 살지만, 앞으로 또 다른 모습으로도 계속 자영업자의 삶을 살아갈 우리들이기에. 그래서인가 어떤 전문가는 자영업자 폐업률이 꼭 수치 그대로만은 아닐 수도 있다는 지적을 한다. 우리처럼 적당한 때 정리를 하고 변신 후 재기하는 음식점들이 의외로 있다.

한때 엄청난 규모로 프랜차이즈 스테이크 집을 해서 큰 매출을 꾸준히 올렸다는 분의 이야기를 들었다. 그분이 지금 하는 일은 작고 강한 와플

집. 파트타임 아르바이트생 한 명을 두고 혼자 와플을 만드는데, 그렇게 행복할 수가 없단다. 이전 스테이크 집에선 매출이 많은데 마진이 무척 적었다고 한다. 그러면 얼마나 일하는 게 허무했을까.

진짜 강한 외식업 자영업자들은 이렇게 때맞춰 발 빠른 변신을 할 줄 안다. 폐업한다고 끝이 아닌 것이다. 우리도 세 번째 식당을 열면서 경험했던 일이다. 그래서인지 다음번에는 또 얼마나 과감한 변신을 하게 될지 자못 기대된다. 이런 것이 10년의 세월이 준 큰 자산이라고 생각한다.

흔히 음식점 경영의 마지막 고비는 사람을 쓰는 일이라고 한다. 음식점 일이란 게 사람을 가려가며 쓸 정도가 되지 않아서, 상황에 맞춰 일할 수밖에 없다. 그동안 좋은 사람들도 겪었지만, 진상손님 못지않게 몰상식한 태도로 일을 하고 사라지는 사람도 적지 않았다. 음식점 관련 일은 언제든 마음만 먹으면 할 수 있는 일이라고 생각해서 시작과 끝맺음을 제대로 하지 않는 사람들이 좀 있다. 오죽하면 편의점 오너들이 바라는 '성실한 직원'의 조건이 일 잘하는 게 아니라 그만둘 때 미리 고지하는 것이라고 할까. 백퍼센트 동감하는 말이다.

그런 일을 여러 번 겪다 보면 인간에 대한 믿음이 옅어져 간다. 반대로 여리고 순해 빠졌던 마음은 돌처럼 단단해지고, 정을 주지 않게 되기 마런이다. 그러면서 비로소 일하는 사람을 대하는 법, 관리하는 법을 배우게 된다. 무조건 잘해 주면 된다는 순진한 생각에서 벗어나게 된다. 작은 식당이긴 하지만 '경영'을 익히는 과정이라 여긴다. 내가 제대로 된 사장이 되기 위해 거쳐야 할 통과의례랄까. 덕분에 어려운 일을 겪을 때마다 우리의 눈빛이 강해지고 문제에 대응하는 전투력이 상승한다. 상처받은 마음을 뒤로 하고 더한 일들도 올 테면 와봐라 하는 식으로.

외식업으로 장사해서 돈을 벌던 시대는 이미 끝났는지 모른다. 다만 현재 자영업자들이 무너져 가는 사회현상이 자영업자 시대의 끝을 알리는 것이 아니라 사회적, 경제적 재편기에 따른 과도기 현상이라고 생각하고 싶다. 자영업자를 가장 괴롭히는 것은 사실은 과당경쟁이니까. 어차피 소매업자들은 전 세계적으로 사라져 가고 있다고 한다. e커머스의 약진 때문이리라. 이러한 변화 속에서 작은 식당을 경영하는 자영업자들은 대기업이나 프랜차이즈들에게 자본력으로만 밀리는 것이 아니라 품질에서도 뒤처질 위험이 크다.

이럴 때 작은 식당의 장기적인 생존전략은 무엇일까? 음식의 품질과 서비스는 기본이고, 조금 더 주고 덜 벌려는 자세로 임하는 것이 오히려 매출을 더 올리는 자세 같다. 또한 조금은 여유 있는 시각으로 넓게 볼 필요도 있다.

현재의 자리에서 음식점을 시작한 지 2년째가 되어가자 주위에 경쟁 업체들이 하나 둘 생겨났다. 이렇다 할 밥집이 제대로 없던 곳이라 우리의 실력을 믿고 과감히 2층으로 이전해 온 것인데, 외부적인 영향으로 매출이 들쭉날쭉 하는 일도 발생했다. 하지만 그럴수록 파이팅 넘치는 나인지라 처음부터 계획했던 길거리 홍보를 다시 재개했다. 식당은 꾸준히 알려야 사람들 속에 각인되는 것 같기 때문이다.

한편, 음식과 서비스 등에 자신이 있다면 손님들은 한두 바퀴 돌고 나면 다시 돌아온다. 요리군이 한 말이다. 완벽한 경쟁자가 있는 것이 아닌다음에야 사람들의 기호도 어느 한쪽에만 쏠리지는 않기 때문이다. 이것도 먹고 저것도 먹을 수 있는 다양성을 즐기는 차원으로 바뀌기 때문에 상권이 확장되면 나눠 먹기 식으로 매출이 재편된다. 그러므로 음식을 파는 장사는 장기적인 관점으로 봐야 할 것 같다. 아니 다른 업종도 그렇겠지만 5년 안에 자리 잡고 수익을 내는 사업은 그리 많지 않다고 한다. 그렇다면 1년 안에 수익을 올린 우리는 '성공'을 한 것인지도 모른다.

이 책의 전반적인 원고를 마친 건 2018년의 끔찍한 더위의 여름이 끝날 무렵이었다. 태어나서 처음 겪는 폭염에 숨 쉬기도 힘든 부엌에서 일하던 요리군도 손님들의 그런 몇 바퀴 돌고 도는 패턴을 일찌감치 알고 있어 일희일비하지 않았다. 외부적인 요인으로 손님수가 급감할 때도 크게 걱정하거나 속상해 하지 않는다. 대신, 손님들이 다시 돌아올 수 있도록 내실을 기하는 데 힘을 쏟는다. 우리가 가진 메뉴 중 매일 바뀌는 특징이 있는 '오늘의 밥상'에 들어가는 메인 요리와 반찬들을 경쟁업체들보다 우위를 점하도록 꾸준히 바꾸고 새로운 시도를 했다. 덕분에 요동치던 내 방객 수도 어느덧 다시 평균치를 보이는 요즘이다. 세 번째 작은 식당을 이전 오픈해 겪은 2년차 음식점으로 보면 잘 지내고 있다. 매출만이 아니라 내실 면에서도 그렇다.

자영업자의 삶이란 이렇듯 변수가 너무 많아서 하루하루가 살얼음판을 걷는 느낌이다. 오늘 와준 손님이 과연 내일도 와줄 것인가 하는 불안감. 오늘 잘 나간 음식들이 내일도 잘 나갈 것인지에 대한 고민으로. 그래서 월급쟁이와는 다른 수익관리가 필요한 것 같다. 조금이라도 매출이 증가할 때 비축해 둔 비상금으로 어려울 때를 대비하는 지혜가 필요하다.

격변하는 사회, 살아남는 것이 성공이다

경제적인 양극화와 사회적 양극화가 낳는 불평등과 부의 쏠림현상이 대한민국의 큰 문제로 거론되는 요즘, 각종 매체에서 자영업자에 관한 뉴스가 쏟아져 나오고 있다. 요즘만큼 우리의 삶이 집중조명 받은 때가 있었을까 싶다.

지불 수단도 눈에 띄게 달라지고 있다. 현금의 흐름이 거의 사라지고 있고, 각종 페이pay의 등장도 가속화되고 있다. 〈두번째 부엌〉도 카카오 페이 가맹점을 신청할까 하다가 관망 중이다. 서울시와 정부가 논의 중인 서울페이와 지방선거 이후 전국 각지에서 유행처럼 번지고 있는 지역화폐 도입까지 함께 논의되는 것 같아서 상황을 주시하고 있다. 큰 기대는 하지 않지만, 자영업자들이 창출해 내고 있는 일자리가 무너지면 사회의 중간층도 함께 무너질 테니, 어쨌거나 각종 실질적인 대책이 나올 수밖에 없는 시기다.

첫 창업을 했던 2009년부터 지금까지 가만히 보면 사회적 이슈가 2, 3년에 한 번은 꼭 있었다. 그리고 그런 크나큰 이슈들은 소비 위축을 낳아 우리 같은 자영업자들에게 직격탄이 되었다. 구제역, 동일본 대지진, 세월호 침몰, 대통령 탄핵, 당겨진 대통령 선거 등등의 시기를 거칠 때는 정말 사람들의 정서적인 위축이 얼마나 소비를 얼어붙게 만드는지 제대로 경험했다.

장사를 오래 하셨던 시어머님의 "손님이 없으면 마음이 힘들고, 손님이 많으면 몸이 힘들다"는 말씀처럼 음식점 자영업자들은 언제나 힘들다. 아니, 모든 일이 다 쉽지 않다. 겉으로 보기에는 쉬워 보여도 다들 말

못할 사정이 있고, 힘든 구석이 있기 마련이니까.

음식점은 음식을 통해 따뜻함이 오가는 곳이다. 식당을 차려놓고 그 공간이 좋아서, 또 그 공간에 찾아와 내가 만든 음식을 좋아해 주는 사람들이 있어야 할 수 있는 일이다. 나로서는 요리를 하는 입장도 아니고 중간 관리자의 입장에서 일을 하니, 언제나 많은 이들에게 인사를 받는다. "정말 맛있게 먹었습니다" "어떻게 이런 가격에 이렇게 정갈한 음식을…" "반찬 더 먹었으니 천 원 더 받으세요" 등등. 덕은 오너 셰프가 베풀고 인사는 내가 받는 상황. 그러니 나는 손님이 좀 줄어들더라도 1층 식당 문 앞에 나가서 열정적이고 신나게 홍보 물티슈를 나눠 줄 수 있는 것이다. 손님들이 높여준 자존감으로 힘들었던 일, 스트레스 등이 그렇게 해소된다. 그런 정감이 오가는 덕에 작은 식당이 차근차근 지역에 자리잡아 가는 듯하다.

세 번째로 연 〈두번째 부엌〉에서 우리는 너무나 많은 것을 이미 얻었다. 장사하는 이들의 마음 운영법이라든가, 건강과 마음 관리법 같은 것들을 익혔다. 그뿐이 아니다. 하루 영업을 잘하기 위해 있던 뒤끝도 탈탈 털어 내서 긍정적인 것만을 취하는 태도가 생겼고, 조금이라도 아프면 일찌감치 치료, 예방하는 식으로 몸 관리도 더 투철하게 되었다. 그렇게 하지 않으면 자영업자의 삶이란 순식간에 지옥이 되기도 하기 때문이다.

사람이 살아가는 데 변수가 너무 많으면 삶이 안정되지 못한다. 대한민국에서의 자영업자의 삶이 그렇다. 창업 이전보다 높아진 노동 강도와 늘어난 노동 시간, 불안해진 삶, 줄어든 수입이 사람을 쫄게 만든다. 그러나 그것들을 극복했을 때, 우리는 또 얼마나 강해질 것인가? 돈으로도 살 수 없는 나만의 경쟁력을 갖게 될 것이다.

내 일터를, 직업을 만들어 냈다는 자부심과 두려움을 떨쳐 버린 강한 맷집, 할 수 있는 것들이 늘어나는 것, 바닥으로 떨어져도 겁나지 않는 용기… 같은 것이 작은 식당 10년 차의 산물이다. 그것들이 우리는 너무 좋다. 세상 무서울 게 없으니까.

부부가 함께 일하는 것, 그 어려움에 대하여

재벌도 가족과 일한다. 자영업자들도 가족과 일한다. 다만 그 이유가 다르다. 음식점 일이란 게 일하는 사람들의 들고 남이 허다해서 일의 큰 어려움을 낳는다. 너무 쉽게 들어오고 쉽게 나가고. 재벌은 더 많은 이익을 챙기려고 가족과 일하지만, 자영업자들은 더 많은 손해를 막기 위해서 가족을 동원하게 된다. 어찌 보면 같은 것일까? 그래도 책임감을 갖고 비상시를 지원해 줄 수 있는 게 가족밖에 없기 때문이다.

작은 식당의 일은 특성상 시스템화 하기 쉽지 않다. 식당 일은 흐름으로 일을 한다. 흐름을 탄다고나 할까? 서로서로 도와서 잘 돌아가게 만들어야 일이 수월해진다. 일 잘하는 사람이 들어오면 그런 사람을 '관리'하는 일로 물러나기 때문에 노동 강도는 약해질 수 있다. 그러나 자칫 더 많은 문제점을 야기하기도 한다. 주객이 전도되는 상황이 발생할 수도 있다. 그래서 너무 일 잘하는 사람보다는 오너를 잘 따라주는 사람이 더 편한 것 같다. 식당 일이 의외로 정신적인 스트레스가 높은 편이라 일 잘하는 튀는 사람이 만들어 낸 효율보다 여럿이 편안한 마음으로 자연스러운 영업 흐름을 만들어 내는 것이 더 중요하다. 그것이 더 오래갈 수 있는 방법 같다. 씁쓸한 경험들을 바탕으로 하는 이야기다.

식당 오픈을 막 하고 나서 몇 달 안에 직원이나 아르바이트가 그만둔 경험이 있다. 다른 분들도 많이 그런 것 같다. 오히려 두 번째로 일하러 온 사람들이 오래 가더라. 아무래도 오너도 문을 연 지 얼마 안 돼서, 좌충우돌하느라 겪게 되는 어려움 때문에 이탈하는 것 같다. 보통 일하는 사람들은 1년 미만, 길어야 1년 반 안에 이직하는 추세를 보였다. 자신들의 이유로 그만두는데도 식당 일이란 게 여유 인원을 두고 운영하지 않기 때문에 운영자 입장에서 마음이 꽤 흔들린다.

그렇게 흔들릴 때마다 더 강해지자고 마음먹는다. 풀타임으로 식당 일을 도운 지 겨우 2년째지만 그래서 하루하루 더 강해지는 것이 나의 목표다. 그리고 조금씩 안주인도 성장해 가고 있다. 숙련된 요리사인 경험 많은 남편의 보조를 맞추는 일도 쉬운 일은 아니었다.

　부부가 함께 일을 하는 것은 그리 쉬운 일이 아니다. 효율을 위해 함께하지만, 잃는 것이 많기 때문이다. 전반적인 운영을 하는(또는 일을 더 많이 하는) 오너 셰프 밑에서 일하게 된 초짜라고 일찌감치 마음을 고쳐먹은 나로서도 그랬다. 그러나 어느 한쪽이 자신의 위치를 제대로 잡지 않으면 부부 관계도 깨질 위험이 있는 게 자영업자의 안타까운 현실이기도 하다. 어려운 전장에서 동지애가 두터워질 것 같은데, 오히려 서로가 적이 되어 총을 겨눌 수도 있는 버거운 현실 때문이다.

　그러니 경험이 적은 어느 한쪽이 마음을 비우고 함께해야만 같이 일을 할 수 있다. 아니면 동등하게 전문성을 갖추든가. 나로서는 오너 셰프가 하지 못하는 일들에 주력해서 내 위치를 바로 잡았다. 주문을 받고 음식을 내가고, 계산을 하고, 설거지를 하는 등의 일은 내성만 생기면 누구나 할 수 있다. 그런 일을 잘하는 아주머니도 참 많다. 그러니 그 정도의 일을 하면서 생색을 내기는 싫었다. 컵 하나를 닦아도 하루하루 더 잘 닦을 수 있도록, 더 빨리 일을 마칠 수 있도록 연마하는 한편, 다른 일들을 담당했다. 그리고 그것으로 서로를 채워 가니 부족한 모습을 타박할 수 없는 수준에 이르더라. 그것이 부부가 함께 일할 때 만드는 시너지일 것이다. 자기가 잘하는 것으로 식당을 돕는 것.

일단 나로서는 세 번째 식당을 열 때부터는 남편이 아니라 '오너'라고 생각을 바꿨다. 나에게도 '오너'다. 그가 보기에 일하는 내 모습이 얼마나 부족할 것인가? 그럼에도 불구하고 맡길 수밖에 없는 상황은 또 얼마나 한심할 것인가 하고. 그래서 초짜가 빨리빨리 커서 1년 차, 2년 차, 3년 차 수준이 되도록 다른 일을 할 때처럼 열심히 했다.

일로써 마주하는 시간이 많은 만큼, 서로를 일로만 봐야 편해질 것 같다. 그리고 그것이 낳은 이윤이나 대가가 삶에 주는 의미를 따져 보면 서로를 보듬고 앞으로 나아가야 한다는 것을 잊지 말아야 할 것 같다. 그 어려운 자영업을 한다고 가정의 따스함마저 지켜 내지 못하면 너무 슬픈 이야기다.

우리에게 맞는 식당의 발전 방향은?

첫 번째 점포를 우리에게 맞게 고쳐 가며 창업을 할 때, 다음에는 이런 문제가 없는 점포를 선택해야지, 저런 인테리어를 해야지, 어떤 메뉴를 해야지… 하면서 시작과 동시에 '다음'을 꿈꿨다. 세 번째 점포도 그랬다. 언제나 새 점포가 백 퍼센트 환상적으로 만족스러워서 오픈을 하는 것은 아니다. '그때'의 상황에 맞춰서 우리가 잘할 수 있을 것 같기에 선택을 한다. 그러나 그런 선택은 또 시기에 따라 상황이 급변하기도 한다. 그러니 언제나 쉽게 변신할 수 있도록 인테리어와 설비에 큰돈을 들이지 않는다. 세 번째 식당을 만들면서 이전과 비교해 꽤 돈을 썼다고 속상해 했는데, 주변과 비교해 보니 오히려 많이 저렴했다. 우리가 완벽해서가 아니라, 직접 작업하며 비용을 줄였기 때문이다. 그래서 인테리어와 설비편을 강조하며 글을 썼다.

그런 기본 방향을 갖고서 식당을 운영하는 동안, 사회 전반, 주변 지역의 변화를 끊임없이 관찰한다. 오전에 식당 문을 열고 들어가면 어두워져야 가게 문을 내리고 나오는 요리군이지만, 예민한 관찰력으로 주변의 변화를 감지한다. 나 역시 사회 변화가 자영업자에게 어떤 변화를 가져 오는지, 손님들을 어떻게 변화시키는지 늘 주시한다. 이를 통해 우리의 방향성을 재고하기도 하고, 또 다른 미래를 꿈꾸기도 한다. 그렇지 않으면 현실의 무게에 짓눌려 강도 높은 노동에 좌절할 수도 있기 때문이다.

그렇게 식당의 큰 방향성이 없으면 식당을 운영하기 힘들다. 손님들이 주는 작은 스트레스, 밥을 먹을 때 보이는 인간 군상의 본능들을 매일 보면 사람이 싫어지고 현실에서 도망치고 싶을 때도 많다. 그럴 때 내 식당의 미래를 그리는 방향성이 동이줄이 되어 구차한 현실에서 희망의 미래로 치환될 수 있다. 사람에게 치이는 일들을 사람을 배울 수 있어서 좋다고 바꿔 생각할 수 있는 여유마저 만들어 내는 것이다.

요리군은 걷는 것을 무척 좋아한다. 버스를 타고 멍 때리는 것을 좋아한다. 전철역 세 정거장쯤은 언제든지 걸어 다닐 수 있는 거리라고 생각하는 사람이다. 그런 태도 덕분에 발품을 팔아 체득하는 상권이나 지역의 변화를 잘 안다. 그리고 그것들이 자신의 식당을 키워나가는 데 큰 힘을 발휘하는 것 같다. 그래서 분에 넘치는 점포를 얻은 적도 없거니와 남들은 다 망해 나간 두 번의 점포에서 많은 것을 익히고 무장해 지금에 이르렀다.

몸으로 일하는 것, 머리로 일하는 것, 마음으로 일하는 것

어느 일에서나 자기 관리가 성공을 부른다. 대기업도 총수의 건강이 주가랑 연동되는 것처럼, 작은 식당도 사장의 건강이 매출에 지대한 영향을 끼친다. 요리와 식당 운영은 몸을 잘 써야 하고 빠른 머리 회전과 순발력이 필요하다. 육체노동을 기반으로 하고 있지만 머리를 잘 써야 성공할 수 있다. 그리고 가장 중요한 것은 마음을 다스릴 줄 알아야 한다. 소규모 식당 운영에도 재미가 있고, 즐거움이 있는데 손님들의 작은 소동에 상처를 입으면, 일을 계속해 나갈 힘을 잃는다. 손님들이 야기하는 다양한 문제들은 그냥 식당 일로 돈을 버는 과정이라는 것을 알아야 한다. 일의 특성일 뿐이다. 그것을 빨리 깨닫고 일희일비하지 않으면 식당 운영이 하루 하루 재미가 있다.

요리군도 2년 가까이 현재의 식당을 운영하면서 자주 울컥하고, 무척 이나 괴로워하는 모습을 자주 보였는데, 이제는 좀 자정된 것 같다. 그것 이 '과정'이란 것을 수긍하는 모습이랄까? 어느 순간 크게 흔들리지 않고 적당히 거리를 두고 마음을 쓰게 된 것 같다. 요리군 왈, 요리사란 뒤통수 에도 눈이 달려 있어서 다 볼 수 있단다. 그래서인지 주방 밖 홀 구석의 일도 단박에 알아챈다. 그래서 힘든 일이 생겼을 때 힘든 일에 감정까지 더해 더 힘들어지는 상황은 만들지 않는 것 같다. 오히려 힘들었던 것들 이 이제는 그를 크게 만들고, 차근차근 제대로 된 '오너'로 나아가는 밑거 름이 되는 것 같다. '오너'도 하루 아침에 만들어지는 것이 아니다.

요리군이 잘하는 것이 있으니 바로 건강 관리다. 본인은 자주 몸 걱정 을 하지만, 요리사 경력 20년 차를 넘겨서인지 자고 깨는 것, 먹고 움직 이고 쉬는 것을 모두 일과 연계해서 조절한다. 나도 식당 일을 하다 보니 저절로 몸 관리를 하게 되었다. 아무래도 식당 일이란 게 협업 구조이기 때문일 것이다. 한 명이라도 빠지면 일의 축이 무너져 하루 영업이 불가 능해질 정도라 관리할 수밖에 없다. 내가 아프면 모두 힘들다는 걸 너무 나 잘 알기 때문이다.

어느덧 글을 마칠 때가 되니 가을 속에 들어 와 있다. 요리군은 이제 일에 초탈해 무척 편안한 표정으로 지낸다. 사람이 주는 어려움도, 재료 비 관리와 매일 바뀌는 메뉴 '오늘의 밥상'이 주는 부담감도 다 떨쳐낸 듯 평정심을 유지하고 있다. 그 덕분에 모든 상황을 객관적으로 볼 수 있게 된 듯하다. 덩달아 상품을 만들되 이윤까지 계산해 내는 요리사의 직관력 이 높아진 듯하다.

이런 얼굴을 갖는 데 10년이 걸렸다. 20년 차쯤엔 또 어떤 얼굴일지 궁금하다. 나는 마흔 여덟 살까지 경험한 모든 것들을 융합시켜 나중에는 혼자 할 수 있는 일을 꿈꾼다. 필요할 땐 부부가 같이, 그렇지 않을 땐 따 로 일할 수 있는 힘을 갖게 되었다. 이것도 내가 식당 일을 해본 덕에 생 긴 자신감이다.

"세상 모든 경험은 정말 쓸 데 없는 것이란 없다.
그것을 잘 활용만 하면." - 로뎅

2018년 11월에

5500만원으로
작은 식당
시작했습니다

초판 1쇄 발행 2018년 11월 05일

지은이 김옥영 · 강필규
발행인 승영란 · 김태진
디자인 ALL design group
일러스트 조선진
마케팅 함송이
경영지원 이보혜
인쇄 애드플러스
펴낸곳 에디터
주소 서울시 마포구 마포대로14가길 6 정화빌딩 3층
문의 02-753-2700, 2778 **FAX** 02-753-2779
출판 등록 1991년 6월 18일 제 313-1991-74호

값 15,800원
ISBN 978-89-6744-195-1　03320